小学语文课程与教学设计探究

李 黎 著

吉林摄影出版社
·长春·

图书在版编目（CIP）数据

小学语文课程与教学设计探究 / 李黎著. -- 长春：吉林摄影出版社，2023.5

ISBN 978-7-5498-5816-3

Ⅰ．①小… Ⅱ．①李… Ⅲ．①小学语文课－教学设计 Ⅳ．①G623.202

中国国家版本馆CIP数据核字(2023)第094321号

小学语文课程与教学设计探究
XIAOXUE YUWEN KECHENG YU JIAOXUE SHEJI TANJIU

著　　者	李　黎
出 版 人	车　强
责任编辑	李　彬
封面设计	文　亮
开　　本	787毫米×1092毫米　1/16
字　　数	220千字
印　　张	9.75
版　　次	2023年5月第1版
印　　次	2023年5月第1次印刷
出　　版	吉林摄影出版社
发　　行	吉林摄影出版社
地　　址	长春市净月高新技术开发区福祉大路5788号
	邮编：130118
网　　址	www.jlsycbs.net
电　　话	总编办：0431-81629821
	发行科：0431-81629829
印　　刷	河北创联印刷有限公司
书　　号	ISBN ISBN 978-7-5498-5816-3　　定　价：56.00元

版权所有　　侵权必究

前　言

随着世界课程改革的浪潮，我国基础教育课程改革取得了令人欣喜的成就。在全社会的热切关注和企盼下，教育部于2001年7月颁布了《基础教育课程改革纲要（试行）》（以下简称《纲要》）。基础教育课程改革，是我国基础教育的一件大事，也是全社会的一件大事。《纲要》的颁布和实施，对我国基础教育的改革与发展必将带来极为深远的影响。

记得《纲要》颁布的当天，《中国教育报》发表了一篇题为《构建基础教育课程新体系》的评论员文章。文章指出：“《纲要》为我国基础教育课程改革描绘了一幅宏伟的蓝图，展现了21世纪新课程的美好前景。"文章还强调："新课程对学校、校长、教师提出了全新的挑战。各级教育行政部门的领导、教研员和教师都要认真学习领会《纲要》的精神实质，以《纲要》精神为指导，进一步转变教育观念，改革教学方法，树立新的人才观、质量观、课程观，尽快适应新课程。"树立体现时代精神的新的课程价值观，根治现行课程体系的弊端，是当前深入改革的根本要求。围绕这一根本要求，我们从事基础教育工作的校长、教研员和教师，在当前和今后一段时期里，一定要把基础教育课程改革这件大事抓好。

语文课程是一门学习语言文字运用的综合性和实践性课程。义务教育阶段的语文课程，应使学生初步学会运用祖国语言文字进行交流，吸收古今中外优秀文化，提高思想文化修养，促进自身的精神成长。《小学语文新课程标准》倡导语文教学应注重全面提高学生的语文素养，使他们逐步形成良好的个性和健全的人格，促进德、智、体、美诸方面的和谐发展。在语文教学中，教师应准确把握语文教育的特点，着重培养学生的语文实践能力，重视培养良好的语感和整体把握的能力。学生是语文教学的主体。在教学中，教师应鼓励学生自主、合作、探究，提高学生学习语文的兴趣和自主学习语文的能力。

本书旨在根据教师教育课程改革，在语文学科教学中融入教师教育课程改革的精神，将语文学科前沿、语文教学理论与小学教学的实践紧密结合起来，将理论学习与教育教学实践技能训练紧密结合起来，做到师范生的职前职后一体化培养，特别是在课程中强化语文教育教学的实践能力。本书详细地讲述了语文新课程改革背景下小学语文教学的理论基础、课程整合、小学语文教育教学实践等知识。限于视野和研究水平，本书粗疏、错漏之处在所难免，恳请同行专家和广大读者批评指正。

目　录

第一章　小学语文课程概述	1
第二章　小学语文课程理念与课程目标	4
第一节　小学语文课程的基本理念	4
第二节　小学语文课程目标	9
第三章　小学语文课程教学设计概论	14
第一节　教学设计的含义	14
第二节　小学语文教学设计的新理念	16
第三节　做好课程设计的前期准备	19
第四节　实践操作	23
第五节　小学语文常见的教学方法	31
第四章　小学语文课程教学设计理论解析	40
第一节　小学语文教学设计的依据	40
第二节　小学语文教学设计的原则	49
第三节　小学语文教学设计的方法	54
第五章　小学语文课程教学设计与核心素养	65
第一节　语文核心素养简介	65
第二节　小学生语文核心素养的培养现状	70
第三节　小学生语文核心素养的培养途径	77
第六章　小学语文课程有效教学设计实践	83
第一节　小学语文识字与写字教学设计	83
第二节　小学语文阅读教学设计实践	87
第三节　小学语文写作教学设计	102
第四节　小学语文口语交际教学设计	109
第五节　小学语文综合性学习教学	118
第七章　小学语文课程教学评价	124
第一节　小学语文课程评价的基本理念	124

  第二节 小学语文课程评价内容 …………………………………………… 135

  第三节 小学语文课程评价的方式方法 ………………………………… 141

参考文献 ………………………………………………………………………… 147

第一章　小学语文课程概述

一、小学语文课程的含义及结构

（一）课程

在我国，"课程"一词始见于唐宋时期。唐代孔颖达在《五经正义》里注释《诗经·小雅》时说："教护课程，必君子监之，乃依法制。"此处"课程"的意思即以一定程序来授事。宋代朱熹在《朱子全书·论学》中也多次使用"课程"一词，如"宽著期限，紧着课程"，又说"小立课程，大做功夫"。这里的"课程"已有课业、进程的意思。

在国外，"课程"一词是从拉丁语"currere"一词派生的，意为"跑马道"，指赛马场上的跑道，后转义为"学习过程"。1861年，英国教育家斯宾塞在他的《教育论》的《什么知识最有价值》一文中最早使用"课程"一词，他把教育内容的系统组织统称为"课程"。课，指课业，即教育内容；程，指程度、进程。课程，就是学生所应学习的学科总和及其进程和安排。

当前，国内对课程普遍认同的定义为：课程是为了实现学校教育目标而规定的教育内容的总和。

（二）小学语文课程的结构

小学语文课程的结构由三大部分组成。一是学校的课程表内开设的语文学科的各项课程，它包含了"识字与写字、阅读、写话与习作、口语交际、综合性学习"等；二是学校计划并实施的课外活动，如结合语文课的学习，可以"组织参观访问、办报、演课本剧、开故事会等活动"，还可以"根据学生的兴趣爱好，组织朗读、书法等课外兴趣小组"等；三是学校中的隐性课程，如优美的校园环境、良好的校规校风以及融洽的人际关系等对学生的影响。我们在学习中侧重第一部分的内容。

（三）语文的含义

"语文"究竟是什么意思呢？何谓语文？对这一概念，不同的人有不同的理解，有的理解为"语言文字"，有的理解为"语言文章"，还有的理解为"语言文学"甚至"语言文化"，可谓众说纷纭，莫衷一是。表面上看，这种种解释在"语言"这一点上是有着共识的，其分歧主要在对"文"的理解上,似乎只是一字之差,但实际上与语文的本质相去甚远。要正确理解这一概念,得追溯"语文"始用之时。这一名称最早见于 1949 年华北人民政府教科书编审委员会选用的中小学课本。对此,曾经主持过这项工作的语文教育家叶圣陶先生有过几次权威性的阐释。他在 1962 年的一次讲话中明确指出:"什么叫语文?平常说的话叫口头语言,写到纸面上叫书面语言。语就是口头语言,文就是书面语言。把口头语言和书面语言连在一起说,就叫语文。"简明扼要地揭示了"语文"的本质含义:语文 = 口头语言 + 书面语言 = 语言(广义)。语文课应当是广义的语言课。

二、小学语文的课程性质

课程的性质是某课程区别于其他课程的本质属性。只有正确地认识课程的性质,才能在教学中正确地把握方向,落实课程的教学任务,采用相应的教学方法。因此,正确地认识语文课程的性质是语文教学的首要问题。

语文课程的基本性质是工具性和人文性。

(一)工具性

1. 语文是彼此交际和交流思想的工具

列宁说:"语言是人类最重要的交际工具。"斯大林说:"语言是工具、武器,人们利用它来互相交际、交流思想,达到互相了解。"如前所述,语文学科是口头语言和书面语言统而言之的广义的语言学科。从这个意义上说,语文就是语言。学生学习语文的根本目的,就是熟练地掌握和运用语言。

2. 语文是进行思维和开发智力的工具

思维主要依凭语言进行。当然,也有形象思维,但不占主要地位。思维力是智力的核心,智力的高低在很大程度上取决于思维力的强弱,思维的发展势必会促进智力的开发。而思维的发展又必须借助语言的训练。正如爱因斯坦所言:"一个人的智力发展和他形成概念的方法,在很大程度上是取决于语言的。"在学校语文教育中,对学生进行有效的语言训练,也就是进行思维训练,其结果必然促进学生智力的开发。因此,教学语文,就是帮助学生通过语言学习掌握进行思维和开发智力的工具。

3. 语文是传递文化的工具

语文不仅是语言,更是文化的结晶。山东大学科明海教授认为:"语文是一种文化的构成物,即语文是文化的一种构成和存在形式,文化是语文构成的'底座',语文与文化血肉同构,语文就是文化。"从语文的本体来看,语文作为交际工具和文化载体,传达的是思想与感情,承载的是文化精神、价值观念和人类的文化成果。语言文字作为重要的文化符号,是人类进入文化世界的主要导向,是文化发展与传播的重要手段。人类借助语文的学习可以感受人类优秀的文化成果和精神价值观念,因此,从这个意义上说,语文是传递文化的工具。

4. 语文是学习知识和增长才干的工具

语文是学习其他学科的基础和前提。各门课程的学习,都要以祖国的语言文字为媒介,通过听说读写开展教学活动。如果学生缺乏识字、释词、阅读、概括等能力,就不能很好地理解自然及其他课本中的知识(例如对"增加了、增加到"的理解)。因此,语文是学习其他学科的基础和前提。如果说中小学开设的各门课程都是基础课程的话,那么,语文课程便是基础的基础。学生学习语文,不仅可以增强听说读写能力,而且可以提高分析问题和解决问题的能力,增长才干。

(二)人文性

语文是工具,不过它和锄头、刨子等其他工具又有不同,它是人们表情达意的工具。既然是表情达意,那么,语文一经人们掌握和运用,就很自然地产生思想和情感。同一语言可以表达不同的思想感情,同一思想感情可以用不同的语言来表达。

人文性指人类社会的各种文化现象。语文的人文性内涵包括两个方面,一是指语文教材中孕育着丰富的人文精神,它囊括了中华五千年光辉灿烂的精神文明和世界各国的先进文化,包含着主体意识、创造思想、责任感、独立人格、权利意识和审美精神等方面的内容。二是指语文教学过程中充满着浓郁的人文情怀,它主要体现在师生之间和谐融洽的关系之中。教师在教学过程中要始终做到"以人为本",尊重人、关心人、服务人、发展人,引导学生热爱生活,关爱生命,健全人格。人文内涵对学生精神领域的影响是深广的,同时又是潜移默化的。学习语言的过程也是人的生命、心灵、精神律动的过程,是人实现自我成长的过程,是激发人创造力与生命力的过程。语文教育绝不仅是概念的分析、概括,也不仅是工具的掌握,更重要的是一种精神的熏陶和人格的养成,所以说其人文价值是不言而喻的。

(三)工具性与人文性的统一

需特别强调的是语文的工具性和人文性不是相互对立的,也不是"工具"与"人文"的简单相加,而是相互渗透、融为一体的。工具是就其形式而言,人文是就其内容而言;工具性是躯壳,人文性是灵魂。没有语言这个工具,人文内涵无以依托;舍弃人文,语言也失去了存在的价值。语文应是这样的一门课程:发展语言,发展思维,传承文化,培养人格,促进人的社会化,提高人的审美能力和文化品位。

第二章　小学语文课程理念与课程目标

第一节　小学语文课程的基本理念

一、全面提高学生的语文素养

与过去的大纲相比，语文课标核心理念发生了变化。"语文素养"第一次出现。素养是介于素质和修养二者之间的一个概念。修养指的是理论、思想、艺术、知识、能力等方面的一定水平。素质是一个心理学术语，指人的先天的解剖特点，主要是感觉器官和神经系统方面的特点。素质只是人的心理发展的生理条件，不能决定人的心理的内容和发展水平。人的心理来源于社会实践，素质也是在社会实践中逐渐发育和成熟起来的，某些素质上的缺陷可以通过实践和学习获得不同程度的补偿。可以说，素养是指一个人通过教育训练在先天生理条件的基础上发展起来的某一方面的一定的水平。语文素养则是指学生通过语文教育与训练在先天生理条件的基础上发展起来的语文方面的一定水平。

素养与能力之间的区别：能力指人能胜任任务的主观条件。心理学上指能使人完成某一活动、任务的心理特征。素养是指平日的修养。内涵很广，包括人的知识、能力，高一点，包括人的政治思想、道德品质、知识技能、为人处世的态度等等。能力重视的是功用性，素养包括功利性和非功利性，重视的是整体性，是人长期素质的养成，重在养成。

具体说来，语文素养的内容是十分丰富的，课标中的素养包括：①热爱祖国语文的思想感情；②正确地理解和运用祖国语文；③丰富的语言积累；④语感；⑤思维和适应实际需要的语文能力（识字写字能力、阅读能力、写作能力、口语交际能力）；⑥品行修养和审美情趣；⑦良好的个性和健全的人格。这实际是三个维度的统一，特别强调情感态度价值观。这主要是改变过去以学科为本位进行教学的观点。教学应以人的发展为根本，而人的发展又是以情感、态度、价值观为导向的。对某一事物的兴趣、情感、态度会直接影响一个人的行为及行为结果，故这一维度要加强。

我们的课程观经历了这样一个过程：重语文知识→重语文能力→重语文学习的过程

与方法、语文学习的情感态度价值观。"全面"包含三方面的理解：第一，语文素养的各个方面；第二，面向全体学生；第三，教学全过程。

二、正确把握语文教育的特点

（一）语文课程具有丰富的人文内涵

语文是属于人文科学的学科，它与数学、物理、化学、生物等自然科学的学科不同。自然科学要求科学化、客观性、确定性。人文学科更多的是情感性、主观性、不确定性。自然科学的学科可以由原理、公式、定理、法则等组成。这些原理、公式、定理、法则等是人们对客观世界的认识，具有客观真理性。这些学科可以先讲清原理公式，再围绕公式做一些练习加以巩固，并且这些练习的答案往往是唯一的。语文则不同，我们将语文课程和自然科学类的课程进行比较，可以发现：语文课程中具有大量具体形象的、带有个人情感和主观色彩的内容。许多语文材料本身就是多义的，具有丰富的内容和很强的启发性。当然人们对于语文材料应该有理解一致的地方，否则人际交流就无法进行。但是，人们对语文材料的反映又往往是多元的。在很多情况下，有个人的知识背景、生活体验、体悟的角度等方面的差异，面对同样的作品，特别是文学作品，不同的人会有不同的理解或感受，这是完全正常的。正如人们常说的，"一千位读者就有一千个哈姆雷特"，甚至同一个人在不同的时期，对同一个材料完全可以有不同的理解。而我们的语文教育曾一度极力追求科学化，追求客观性、确定性，在自觉或不自觉地向自然科学靠拢，搞标准化，过度地进行理性分析。这不仅降低了语文教育的效率，而且也伤害了学生在语文学习中的兴趣和创新意识。

因此，语文课程应把握人文性的特点，对学生进行文化和精神的教育。首先，要重视语文的熏陶感染作用。要通过优秀作品的浸染，怡人性情，提升人格。语文对人的影响是深广的，又是隐性的、长期的、潜移默化的，短时期不容易看出来。而且，常常是"有心栽花花不开，无心插柳柳成荫"，因而不能指望立竿见影，不能急功近利。如果像理科学习那样，围绕知识点、能力点做大量的练习，难以让学生领悟语文丰富的人文内涵。其次，要注意教学内容的价值取向。具有丰富人文内涵的语文课程对人们精神领域起作用，而且对人们精神领域特别是对学生的情感、态度、价值观的影响是广泛而深刻的。俗话说"开卷有益"，但实际是开卷可能是有益的，也可能是有害的。即使都是有益的作品，它们的含金量可能也有差异。因此，为了让学生在语文学习中多多受益，提高效率，必须重视对于语文教学内容的认真选择。最后，要尊重学生的独特体验。学生的多元反应是正常的，也是非常珍贵的。尊重学生在语文学习过程中的独特体验，是对学生的尊重和鼓励，也是对真理的尊重，这是由语文的特点决定的。在课堂中特别需要提倡师生之间的平等对话，也特别需要注意尊重学生独特的情感体验和有独创性的理解。阅读是学生个性化体验的过程。

（二）语文教育具有很强的实践性

语文的工具性决定了语文课程是一门实践性很强的课程。《语文课程标准》"课程的基本理念"第二条"正确把握语文教育的特点"中指出：语文是实践性很强的课程，应着重培养学生的语文实践能力，而培养这种能力的主要途径也应是语文实践，不宜刻意追求语文知识的系统和完整。这就是说，语文实践能力不应当按照完整的语文知识体系去设计、培养。对此，我们应当清醒地认识它，这跟要不要语文知识不是一回事，不能把语文知识与语文实践能力对立起来。语文课程标准是开展语文教学的基础，由此可以看出语文的实践性是从目标到具体实施过程的。语文教育应以培养语言的实践能力和良好习惯为根本目标，即培养学生正确理解和运用祖国语文的能力，使他们具有适应实际需要的写字能力、阅读能力、写作能力、口语交际能力和综合语文实践能力，而不是以传授语言、传授文学知识、研究语言和研究文学理论为目标，不是要帮助学生掌握一个由若干概念规则、原理构成的理论系统，也不是要系统地传授有关语言、文字、文章、文学、文化的知识。语文的实践性还表现在重视学生的语文实践活动。语文实践活动是将已有的语文知识技能在实践中应用，又在应用中获得新知，提高能力的过程。教师只是学生语文实践活动的组织者、引导者和合作者，绝不能以烦琐分析和机械练习去干扰和压抑学生的求知和探索。一句话，教师的职责是因势利导、从旁协助，而不是越俎代庖，包打天下。因此，作为语文教师，在日常语文学习过程中，要注重引导学生不断参与到语文实践活动中，增强语文学习的实践性。语文教学的过程已是一个实践的过程。备课、讲课、批改作业、命题阅卷、搜集材料、组织活动、参加教研、了解学生、联系家长与学校等一系列教学实践活动，不仅需要有明确的实践目的、实践的计划与步骤，还需要一定的技能和技巧以及科学的理论指导。所以，语文教学是一种实践的技能，仅有知识是远远不够的，仅靠记住一些教育学、心理学的概念原理，是成不了能力出众的好老师的。教学能力必须在教学的实践中，通过不断地摸索锤炼逐步形成。

（三）语文学习应重视感性把握、整体把握

1. 语文是母语

母语是本民族的语言，是民族文化精神的载体。母语具有很强的形象性，这使孩子在学习时已具有本能的形象感应，对母语的认识都是出于感性。孩子学习母语，因为有早已具备的语言心理机制为基础，具有对本国本民族文化背景熟悉的有利条件，亲身处于使用

这种语言的社会环境之中,有书刊、广播、电视、媒体等丰富的学习资源,有大量的读写听说的实践机会,生活中时时、处处都有语文活动,可以说生活即语文。事实是,孩子有母语学习的环境,孩子入学前已有很长时间的母语习得体验。他们学习母语主要是靠感性把握,而不是依靠语法知识。语法有时解释不了我们复杂的语言现象。靠语法知识不能很好地学习语言,且是先有语言,再有语法规律。语法规律是根据语言总结出来的。语文的学习首先应建立在感性的认识上。在《语文课程标准》中明确指出:"在教学中要重视培养良好的语感和整体把握的能力。"从这句论述中我们认识到:"整体把握"不仅指要从整体上把握课文的大概内容,品味文章的语言,理解文本所表达的思想、观点和感情,更要根据语境揣摩语句含义、阐发文本内容、研究表达形式等。明乎此,才能从整体出发去解读文章,把部分同整体联系起来,从整体的角度去考虑问题,找到解决问题的线索,从而对文章的理解更准确、更全面、更深层,使"整体把握"的内涵和价值真正得以实现,真正按照课程标准去达到育人的目标。

2. 汉字的特点对语文教育具有重要的影响

汉字有其独特的构造方式和结构特征,它独特的形体本身就蕴含着丰富的文化意蕴和文化资源。汉字形体结构具有直观性、象征性等特点,其形体构成与人的思想、情感、生活、行为往往有机地联结在一起,充盈着丰富的文化意蕴。一个汉字,往往就是有关人的一个故事、一种姿态、一种行为和情致;一个汉字,往往就是一种情感智慧、生存智慧、生命智慧或伦理智慧。它不同于西方的拼音文字。拼音文字是抽象的字母线形排列形态,它的唯一功能就是将语言摹写记录下来,文字和概念之间有较大的距离,无任何形象结构上的内在关联。而外语单词与单词之间有空格,这就是逻辑关系的体现,汉语则没有。汉语也没有多少性、数、格的区别。汉语句子组合的重要语法手段是语序和虚词,如果一个句子的语序发生变化,句子的意思也就发生变化,句法对词语意义的控制力不大,有时,词的组合就像玩积木和玩魔方,灵活性很强,变数很多,弹性很大。语言学家王力先生曾说,中国的语言是"人治"的语言,欧美的语言是"法治"的语言。在具体场合人们依据语境和语言结构内部的相互衬托来获取词的确定意义,这种语言更宜于在模糊中求准确。因而心领神会成了确定语法关系、理解句子的重要方法,因此,基于汉语言文字的特点,在语文教育教学中应重视整体感悟。

三、积极倡导自主、合作、探究的学习方式

语文新课改在学习方式上做了巨大变革,即倡导自主、合作、探究的学习方式,在《语文课程标准》中也明确了这一点。这不仅是语文教育中对于学习观念的改变,更是思维、

价值观的一次新的阐释。大家都知道学习是一个从"未知"到"知",从"不会"到"会",从"没有"到"有",从旧的"有"到新的"有"的过程。长期以来,学生所习惯的学习过程便是由教材、教师把别人"已知""已会""已有"的东西传授给自己,通常的做法是,在教师的训练下一步一步靠近现成的答案,或者干脆等教师把答案告诉自己之后,花时间背下来;再就是跟着教师按照设定的模式反复操练,逐步掌握由别人设计好的技能和方法。这样的接受性学习当然还是需要的,但是,它产生的"被动性"、一定程度上的"强制性"和"简单重复性"等不利因素,也是需要加以改变的。语文学习是人生存发展的需要。自主、合作、探究的学习方式正是从学习者发展的内在需要出发,关注学习的过程。在这个过程中更加注重的是学习者自己的独立学习、交往学习及深入探究学习的能力,而不仅仅关注学习者被动地接收到了多少知识。在这个过程中更加注重学习者学习时的感受和体验,关注学习者在学习中的生命成长。

之所以特别倡导自主学习、合作学习和探究学习,原因就在于:教育必须着眼于学生潜能的发挥,促进学生有特色地发展,促进学生的可持续发展(后面还会进一步学习)。自主学习,是指学习主体有明确的学习目标,对学习内容和学习过程具有自觉的意识和反应的学习方式。合作学习,是指学生在学习群体中"为了完成共同的任务,有明确的责任分工的互助性学习"。探究性学习,是指学生独立地发现问题、获得自主发展的学习方式。

倡导自主、合作、探究的学习方式,实际上是激活学生的积极性和创造性,使其成为知识的发现者和研究者。需要指出的是,接受学习仍然是人类重要的也是特有的学习方式。接受学习的最大价值在于学生不必从零开始学习活动。他们可以通过直接接受前人与他人的认识成果加速个体的认识发展过程,从而使有限的生命个体能够更从容地面对无限的知识海洋与大千世界。所以接受学习不仅是人类重要的学习方式也是学校教育的基本形式。新课程倡导自主、合作、探究的学习方式,并不意味着拒绝接受学习。只是应注意,即使是采用接受性学习方式,也要尽力把这样的学习变得有意义、有价值。

四、建设开放而有活力的语文课程

当前的课程改革要改变过于强调学科本位、课程内部各部分之间割裂的状况。语文课程要加强综合性,沟通与其他学科之间的联系,沟通与生活的联系,沟通与生命的联系。

开放而有活力的语文课程应具备如下特点:

第一,从课程功能来看,开放而有活力的语文课程应尽可能满足不同地区、不同学校、不同学生的需求,并能够根据社会的需要不断自我调节、更新发展。这要求语文教育应采取差异性教学,根据不同社会需求、不同的地域、不同的学习主体、不同的课程资源等从宏观上采取语文教育合适的方式。

第二，从课程结构来看，开放而有活力的语文课程应包括国家课程、地方课程、校本课程等层面。在课程类型方面，应包括语文学科课程和语文综合性课程。这就要求在语文课程的教学中要做到上、中、下的结合，既要有国家课程纲领性的指导，又要结合本地的实际和本校的实际开展个性化的课程设置结构。同时要考虑到语文学科性和总和性的结合，既要突出语文专业的特色化教育（工具性和人文性兼顾），又要涵盖在语文学科中渗透其他学科的知识与内容，凸显语文的综合性。

第三，从课程目标来看，开放而有活力的语文课程应该包括语文知识和语文能力、语文学习态度和情感、语文学习过程和方法等层面，而不应仅仅限于系统的语文知识的传授。实际上，如果认真解读《语文课程标准》中关于三维目标的定位，我们就会发现，语文教育应是人的教育，只有面对人才可以谈习得知识和能力，才可以谈学习的方法和学习的过程，也才可以谈人的情感、态度和价值观的熏陶。开放而有活力的语文课程理应关注人的发展，最大限度从目标、过程、结果关注人的发展，实现生命的发展。

第四，从课程存在的方式来看，开放而有活力的语文课程不限于教科书、教师，不限于校园，而是与家庭、社会与自然生活的密切相连。学生的学习不可能一直在封闭的空间里，作为人，学生是充满生命活力的社会的人，限制与封闭的环境只可能培养出一些没有生命活力的"机械人"。因此，语文课程的存在应是突破特定场所、特定区域、特定时空的与学生生活密切相关的家庭、社会、自然结合在一起的大语文的课程。

第五，从课程的实施来看，开放而有活力的语文课程强调师生与课程文本的互动，强调师生对课程的构建。在2011版的《语文课程标准》中，不仅突出师生在语文教学中交往的重要性，还更加强调师生与文本作者、编者之间的互动对话。当然，从语文课程的实施方面讲，关键在于教师和学生对课程的再建构，这种建构的言外之意是凸显教师的主导和学生的主体地位。对于教师，强调的是对语文课程正确到位的开发；对于学生，强调的是学生独特的感受和生命体验。

第二节 小学语文课程目标

课程目标是按照国家的教育方针，根据学生的身心发展规律，通过完成规定的教育任务和学科内容，使学生达到的培养目标。它受国家为基础教育规定的教育目的的制约，是总的人才培养目标的具体体现。课程目标是课程编制、课程实施和课程评价的准则和指南，在课程标准中属于主体部分。语文课程目标则是从语文的学科角度规定人才培养的具体规格和质量要求。语文新课程的目标体系由总目标和阶段目标组成，它具有如下特点。

一、九年一贯整体设计

（一）九年一贯，通盘安排

这是新中国成立以来颁布的课标或大纲中第一次整体考虑并通盘安排小学与初中的教学目标，有利于中小学教学的衔接。"识字与写字""阅读""写作""口语交际"的教学目标在每个学段都保持合适的梯度，避免小学与初中脱节。

（二）突出主体，注重实践

语文新课程的总目标是基于人的终身需要及和谐发展所应具备的综合语文素养而提出的。它有三个鲜明的语文课程与教学的时代特色：一是强调学生在语文学习中的主体地位。总目标关于学习语文的情感态度和价值观的表述，是从学习主体发展的内在需要出发的。二是凸显现代社会对语文能力的新要求。总目标中有培养信息素养、口语交际能力的表述，又有"发展思维能力，激发想象力和创造潜能"，以及"汲取人类优秀文化的营养"等精彩表述。三是突出语文课程的实践性本质。语文课程的一个基本目标是培养学生运用语文的实践能力，大大淡化了对系统的语文知识传授的要求。即使设计必要的语文知识，也都是和有关能力的要求结合在一起表述的。

（三）阶段分明，大体有序

语文新课程阶段目标根据儿童心理和语言发展不同阶段的特点和要求安排，每个目标之间保持一定的梯度，循序渐进，有些目标梯度虽不太明显，但大体有序。

二、五个领域协调一致

每个阶段目标从"识字与写字""阅读""写作""口语交际"和"综合性学习"五个领域提出要求。各个领域的目标相互联系，协调一致，以利于语文素养的整体提高，协调发展。比如，汉语拼音与识字，识字与阅读、写作，写字与写作，阅读与口语交际等等，充分考虑它们之间的各种关系，考虑各种能力水平的协调。

三、三个维度有机融合

与以前的语文教学大纲相比，《语文课程标准》的最大发展，就是"系统地提出'三个维度'的课程目标,并使这三个方面的目标综合性地体现在各个阶段目标之中"。课程标准中的三个维度,知识和能力维度属于显性目标;过程和方法、情感态度和价值观则属于隐性目标。过去我们的目标设计,只是从可见的显性目标入手,而忽略了事实上对人的发展具有更大作用的隐性目标。

（一）凸显"情感态度和价值观"

以往的语文课程与教学由于受单一"工具性"的片面影响,人们往往看不到作为语文知识、技能的"工具"实际上蕴含着强烈的"人文性",而忽视了作为"工具"的知识、技能所黏附的情感态度和价值观,造成了语文课程与教学目标的人为分裂。实际上"工具"学习与使用的同时也实际地在形成着情感态度和价值观,学习语文的同时,学生实际上也学习着对世界、对人生的认识。如不注意这一点,可能就会造成比较恶劣的后果。比如,让学生每个字抄写一百遍,尤其是在他们犯错误的时候,这显然在培养与热爱祖国语言文字相抵触的思想感情;又如,必须"同心协力"不能"齐心协力",这种"标准答案"与其说在培养语言能力,毋宁说是扼杀个性。阅读教学中按一定模式"归纳中心"的技能,写作教学中按一定模式"构思作文"的策略,都不可避免地同时在练习、训练着对待语言文字、对待认识社会的一种态度、一种认识方式。就像有人说的,一味宣扬"崇高 + 光明"的主题,"导致学生作文与做人的两极对立","我们的孩子们就是这样被纳入了一个早已准备好的套子之中,孩子们的精神、个性就是如此被泯灭的"。

语文知识、技能中同时包含着情感态度和价值观,而且后者往往更为关键。这是以往语文教学的失误给我们的教训,也是本次语文课程改革着意要改观的。现在按"三个维度"来设计语文课程目标,就是将过去在知识、技能中潜藏的往往被掩盖了的情感态度和价值观凸显出来,从而引导教师正确面对。

（二）关注"过程和方法"

语文学习是一个体验的过程,语文能力往往体现为正确地运用听、说、读、写的方法。"过程和方法"本来就是语文课程目标的一个侧面,有时可能还是比偏重于结果的"知识和能力"更为重要的侧面。但在过去,由于语文课程目标的单维设计,过程和方法很大程度上也被掩盖了。语文教学更关注那些结果性的东西,甚至使学生沦为"标准答案"的"刻录机",而语文教师则很少反思教学中塞给结论、告知答案的做法有多少合理性。"三个维度"的设计强有力地引导语文教师关注"过程和方法"这一维度,这尤其体现在阅读、写作和综合性学习等方面。

（三）落实"知识和能力"

凸显"情感态度和价值观"、关注"过程和方法"并不等于轻视乃至放弃"知识和能力"。关于知识与能力，现在有一种说法：以前语文学习重视"双基"，即强调基础知识和基本技能，现在似乎不需要"双基"了。这是一种误解，任何一门课程的学习都有知识和能力方面的要求，语文课程也不例外。本次课程改革从三个维度确定课程目标，知识和能力仍是不可或缺的一维，说明语文课程不是不要知识教学和能力培养。但是，过去那种只追求知识和能力，并把它们的作用强调到不适当的程度，这样的教训必须汲取。

关于语文知识，我们的语文教学一直存在两大问题：一是什么是真正的语文基础知识？二是学习语文基础知识的目的是什么？过去，我们的语文教学过于强调学科知识体系，逐渐形成了以知识为中心的教学。以知识为中心，必然导致对知识的烦琐分析和训练，并追求知识的"深刻性""系统性"和"全面性"，实践证明它容易使语文教学发生异化。以知识为中心，教师只需要传授，学生则从根本上丧失了成为学习主体的可能。因为这种教学中重视知识的本体价值而忽视知识的工具价值；只承认知识重要而轻视或完全忽视经验和体验的重要；只重视掌握知识的结果而轻视掌握知识的过程。语文课程不是不要知识的教学，但在基础教育阶段，尤其是九年义务教育阶段的语文教学，重点应该是应用语言教学，重在言语技能的培养，所以我们应该从言语技能培养的角度，或者说从语用学的角度，重新审视语文课程的基础知识。对于实践性和人文性都很强的语文课程来说，应用、实践、体验无疑是更重要的。

关于语文能力，《语文课程标准》在新中国成立以来历次大纲的基础上，重申要"指导学生正确地理解和运用祖国语文"。这是语文教学的基本任务，也是区别于其他学科的主要特点。同时，对"语文能力"内涵做了一些新的界定，包括阅读理解与表达交流在内的多方面的基本能力，以及运用现代技术搜集和处理信息的能力。在"理念"中增加了"识字写字能力"，把听话、说话能力改为"口语交际能力"。这是因为识字写字是阅读写作的起点，在基础教育阶段打好识字写字的基础，对于继承民族优秀文化和加强国际交往都是极为重要的。而口语交际的核心在于"交际"，听方和说方双向互动，是人与人之间的交流和沟通。《语文课程标准》中"语文能力"的提法更全面、准确，更符合时代要求。

能力的培养离不开训练。《语文课程标准》中言简意赅地指出："语文教学要注重语言的积累、感悟和运用，注重基本技能的训练，给学生打下扎实的语文基础。"从形式上看，新课程似乎也淡化了训练，但从它强调"基本训练"和"科学训练"来看，新课程遏制的只是充斥我们语文教学中的机械训练和重复训练。以往，我们的语文教学把教学内容分解成上百个知识点、能力点，然后围绕这些"点"设计大量的系统，再让学生反复机械地做练习，还美其名曰"熟能生巧",这是违背语文教学规律的,也是造成语文课程繁、难、偏、旧的罪魁祸首。如"五颜六色"的意思,3~4年级的学生不仅理解,而且无论在口头语言还是书面语言中也很少用错,但有的教材编者设计的课文练习却不仅要学生回答"五颜六色"形容什么,而且还要回答"五""六"各形容什么。这不是什么天方夜谭,而是在语文教学实践中大量存在的真实状况。而且,所有这些都打着加强基础,培养学生扎实的基本功的旗号进行。对于这种训练,学生苦不堪言,因为它不是有意义的言语实践。新课程遏制这种"题海战"的训练,倡导"基本训练"和"科学训练",预示着我们的语文教学今后将一改旧的套路,形成一种崭新的格局。基础教育的基本任务是为每个学生的发展打好基础,而人的语言的发展是人的一切发展的基础,因此毫无疑问,新课程必将把发展学生的言语实践能力置于中心地位。

需要特别强调的是,这"三个维度"是内在地融合在一起的,所以对语文课程目标的把握,必须坚持"三维一体"的观点。

总之,课程目标根据知识和能力、过程和方法、情感态度和价值观三个维度设计。三个方面相互渗透,融为一体,注重语文素养的整体提高。各个学段相互联系,螺旋上升,最终全面达成总目标。

第三章　小学语文课程教学设计概论

第一节　教学设计的含义

"设计"这个词运用到教学领域体现了当今教学理念的更新,改变了教师一直沿用的备课方法。这是教学方式的一个进步。

一、设计的含义和理解

"设计"这个词更多地运用于科学理性的研究,诸如平面设计、建筑设计、服装设计等。它是指按照任务的目的和要求,预先制订工作方案和计划。从本质上来讲,设计不是设计一个东西,而是满足一个需求,设计的本质是对需求的理解,以及实现需求的过程。原研哉(Kenya Hara)是日本中生代国际级平面设计大师、日本设计中心的代表、武藏野美术大学教授、无印良品艺术总监。他曾说过:我们观看世界的视角与感受世界的方式可能有千万种,只要能够下意识地将这些角度和感受方法运用到日常生活中,就是设计。

设计具备以下几个方面的特点:

1. 设计是一个发现问题并解决问题的过程

在这个过程中,设计师先确定目标、调查需求、分析信息,发现与明确需要解决和值得解决的问题;再依据一定的设计理念对作品进行构思,努力挖掘自己的创造潜力;然后提出解决问题的多个设想,通过进行各种测试、评估,以优化设计方案;最后运用一定的表现手法进行制作。在产品使用过程中,还需要正确地使用和维护,使产品更好地满足人们的需求。

2. 设计必须依据某种理念

设计理念是整个设计的灵魂和核心,凸显所设计作品的理论基础和支撑。设计理念主要是指设计师在作品构思过程中确立的主导思想。它赋予作品文化内涵和风格特点,令作品具有个性化、专业化和与众不同的效果。

3. 设计的核心是一种创造行为

设计要求新、求异、求变,这个"新"有着不同的层次,它既可以是改良性的,又可以是创造性的,能充分反映满足人们某种物质或情感需要的意念或构想。

4. 设计是一种审美

设计是合理的,符合价值规律;设计是人性的,为人而设计,服务于人们的生活需要是设计的最终目的。在一个多元文化的社会,设计理念必须以人为本,针对客户年龄、职业、爱好、文化层次等特点,努力迎合客户的个人喜好。

5. 设计是一种态度

设计决定了作为设计师的创造能力和学习能力。一位优秀设计师的设计,无论是整体上还是细节上都有自己的权衡。哪怕是一个点,他都会去找尽可能多的素材来供自己挑选,在这不断挑选的过程中积累自己的设计经验,形成自己的设计风格。

二、教学设计的新内涵

1. 教学设计的理解

教学设计是运用系统方法分析教学问题和确定教学目标,建立解决教学问题的策略方案、试行解决方案、评价试行结果和对方案进行修改的过程。这个过程将教学诸要素有序、优化地安排,形成教学方案。

罗伯特·迈尔斯·加涅(Robert M.Dagne)曾在《教学设计原理》一书中谈道:教学设计是一个系统化规划教学系统的过程。教学系统本身是对资源和程序做出有利于学习的安排。任何组织机构,如果其目的旨在开发人的才能,均可以被包括在教学系统中。帕顿(J.V.Patten)在《什么是教学设计》一文中指出:教学设计是设计科学大家庭的一员,设计科学各成员的共同特征是用科学原理及应用来满足人的需要。因此,教学设计是对学业业绩问题的解决措施进行策划的过程。

最早提出教学设计构想的是美国哲学家、教育家约翰·杜威(John Dewey)和美国心理学家、测量学家爱德华·李·桑代克(E.Lee Thorndlike)。杜威早在1900年提出应发展一门连接学习理论和教育实践的"桥梁科学"。桑代克在1912年就已经设想过相当于现代的程序学习的控制学习过程的方法。20世纪30年代,教学设计学处于萌芽状态,未形成系统的理论体系。西方一些著名的教学论专家提出了一些与教学设计学有关的理论。例如,扬·阿姆斯·夸美纽斯(J.A.Comenius)倡导直观教学,提倡用图片、实物模型等教具进行教学;又如,杜威将理论作为基础,对教材和教法等课题做出和传统观念不同的论述。在教材的选择上,杜威建议"学校科目的相互联系的真正中心,不是科学,不是文学,不是历史,不是地理,而是儿童本身的社会活动",具体地讲,就是学校安排种种作业,把基本的人类事物引进学校里来,作为学校的教材;在教学方法上,杜威主张"从做中学",他认为儿童不从活动而由听课和读书所获得的知识是虚渺的。

20 世纪 90 年代,建构主义学习理论对教学设计理论的发展起了较大的推动作用。在这一时期,学习者与教学媒体、教学情境的结合是教学设计发展的一个重要特征。软件、音像教材、印刷教材、学习指导手册、教师用书等属于以产品为中心的教学设计层次。

2.教学设计和教案的区别

（1）概念界定不同。教学设计是教师运用系统方法分析教学任务、确定教学目标、选择策略手段、制定教学流程、评价教学效果,以达到课堂教学更优化的编制教学预案的过程。教案又称课时计划。它是教师为顺利、有效地开展教学活动,根据课程标准、教学大纲、教科书要求及学生的实际情况,以课时或课题为单位,对教学内容、教学步骤、教学方法等进行具体设计和安排的一种实用性教学文书。

（2）层次分类不同。教学设计可以是单元教学设计、课时设计,一个教学设计既可以用几课时来完成,又可以用一节课来实现。原则上,教案以课时为单位设计,一课时一个教案。

（3）内容范畴不同。教学设计和教案的相同栏目有教学目标、教学重难点、教学资源等。二者的不同之处是教学设计栏目有教学任务分析、设计思路、教学流程和说明,教案栏目有基本信息、教学过程、板书设计、学生作业设计、教后记。

（4）关注的侧重点不同。教学设计的重点在前面,强调的是分析、依据、理由、策略、流程,而教案更多地强调细节、操作、行为、语言、设问、板书、作业、后记。

综上所述,教学设计体现的是一种以学生发展为本的新的教学理念,教师不但要研究怎么教,还要研究学生怎么学。教学设计要换位思考,强调学生学习方式的转变,注重的是学生能力的提高。而教案体现的是一种比较传统的教学思想,注重的是教师对知识的传授和学生学习技能的训练。教学方法以讲授式为主,强调的是教师的主导地位,忽视学生的学习方法。

第二节　小学语文教学设计的新理念

任何一种新观念的确立,都是对旧观念、旧模式的变革。当我们把视角投向新一轮课堂教学改革的时候,应该吸收其新理念来透视教师备课的真正意义,诠释教学设计的本质内涵。在新课程教学改革的背景下,我们必须冲破传统备课的种种束缚,以崭新的教学设计代替传统的教案。

一、小学语文课程设计的理念

1. 全面提高学生的语文素养

（1）面向全体学生。

（2）为学生的终身发展打下基础。

（3）全面提高语文素养（知识与技能、过程与方法、情感态度与价值观三个维度目标的综合）。

2. 正确把握语文教育的特点

（1）丰富的人文内涵，熏陶感染作用，学生的独特体验。

（2）实践性，以实践能力为培养目标，以语文实践为培养途径。

（3）母语教育，学习资源，实践机会，感性把握能力。

（4）汉语言文字特点对语文教育的影响，起始阶段的教育过程和方法，语感的整体把握。

3. 积极倡导自主、合作、探究的学习方式

（1）注意学生身心发展的特点，儿童学习语文的特点，个体差异与学习需求。

（2）激发学生的学习兴趣、好奇心、求知欲和进取精神。

（3）培养学生的合作意识和团队精神。

（4）鼓励想象、质疑、发现、创新。

4. 努力建设开放而有活力的语文课程

（1）综合：沟通学科间的联系、语文与生活的联系。

（2）实践：积极开发和利用课程资源，课内外学用结合。

（3）创新：吸收新思路、新观念，运用新技术、新方法。

（4）适应：满足不同地区、不同学校和不同学生的需求。

（5）开放：自我调节，更新发展。

二、新时期新理念

1. 立德树人

党的十八大报告首次提出"把立德树人作为教育的根本任务"，党的十九大报告又指出"要全面贯彻党的教育方针，落实立德树人的根本任务"。"立德树人"的本意是指自身树立德业，给后代做榜样，培养人才。它强调把"立德"摆在第一位，万事从做人开始，培养人才是长远之计。

2. 以人为本

新课程理念下的教学设计,要从过去的以教材为中心、以如何教为重点,转变为现在的以学生为中心、以如何促进学生有效学习从而获得发展为重点,真正体现"以学生为本,以学生的发展为本""一切为了学生,为了一切学生,为了学生的一切"的现代教学理念。

《义务教育语文课程标准(2011年版)》在"课程基本理念"中指出:学生是学习的主体。语文课程必须根据学生身心发展和语文学习的特点,爱护学生的好奇心、求知欲,鼓励自主阅读、自由表达,充分激发他们的问题意识和进取精神,关注个体差异和不同的学习需求,积极倡导自主、合作、探究的学习方式。教学内容的确定、教学方法的选择、评价方式的设计,都应有助于这种学习方式的形成。

3. 完成三个转变

(1)转变教师角色,建立平等的师生关系。课堂是由教师和学生共同构建而成的信息传递的场所,关注教学过程中学生的表现,做到一旦出现问题就让学生发现、提出并解决。在解决问题的过程中,学生是否发挥了积极探究、小组合作的功效,是否提升了学生解决问题的能力。在学习交流的过程中,教师与学生在合作学习中相互启发、相互帮助,从而达到共同提高的目的。在整个教学的过程中,师生之间有了共同的目标,有了情感交流,达成了共识,构建了平等的、新型的、民主的师生关系,这就是在新课堂教学改革下教育教学的根本所在。

(2)改变教学方法,激发学生对语文的兴趣。教师必须改变传统的、压抑学生创造性的教学环境,采取民主态度,支持学生发表不同的意见,鼓励学生积极探索,为培养创造型人才营造良好的环境和氛围。教师要不断地改进教学方法,为学生提供充分的学习机会,使他们的个性在尝试中得到张扬,为他们的自主探究、交流创作打下良好的基础,为他们的发展铺设成功之路。

(3)创新学习方式,实现课堂的高效性。在教学中,教师要相信学生,让他们能发现问题、提出问题、大胆提出不同的看法,真正把课堂交给学生,使他们成为学习的主人。教师应当放手让学生动手、动口、动脑,让他们参与观察、思考、讨论、实践。

4. 以培养创新型人才为最终目标

创新型人才是时代发展的需要。在小学语文教学中,教师应当实施创新教育,培养学生的创新能力,增强学生的创新意识,树立学生的创新人格。

课堂教学应该是一个开放的教学空间。在教学氛围上,学生的心理是开放的、自由的、不压抑的;在教学内容上,学生不受教科书或教师知识视野的限制;在学习思维上,学生可以表达与教师不同的观点,可以提出与课本不同的看法。教师可以采用引导的方式进行阅读教学，允许学生阅读他们自己能够理解的东西，鼓励他们大胆地说话，引导他们讨论和解决自己能够解决的问题。

5. 注重培养语文核心素养

（1）在语言理解能力方面，教师应当引导学生读懂文本的主要内容，使其了解文本表达的特点；应当引导学生积累优美的、有新鲜感的语言材料，使其具有初步的语感。

（2）在语言运用能力方面，教师应当引导学生根据具体语境（语言情境）和任务要求，在口头语言和书面语言表达中尝试运用自己获得的语言活动经验，做到交流顺畅，文从字顺。

（3）在思维能力方面，教师应当引导学生在阅读、表达等语言活动中主动思考；应当引导学生运用想象与联想，形成对客观事物的初步认识、对语言和文学形象的初步认识，并具有初步的评判意识。

（4）在审美能力方面，教师应当引导学生感受汉字之美，使其具有热爱祖国语言文字的情感；应当引导学生感受人性之美，使其具有初步的审美体验。

第三节　做好课程设计的前期准备

本节和大家探讨如何做好教学设计前的准备工作。此外，为让老师对于小学阶段要教给学生的"知识与技能"有一个大概的了解，还安排了"掌握学科本体知识"的培训，帮助老师了解小学语文学科涉及的基础知识以及小学生需要掌握的阅读方法和作文方法，以便于老师在分析教材时能从语文课程的角度确定教学内容。

一、研读《语文课程标准》

（一）《语文课程标准》——教学的航标灯

课程标准是国家规定的中小学课程设置、培养目标、教学内容、时间安排的教育指导性文件，是编写教材、实施教学与教学评价的依据，是国家管理和评价课程的基础。教育部于2011年颁布了《义务教育语文课程标准（2011版）》。新课标的内涵十分丰富，充满了改革的精神，洋溢着时代的气息，指明了我国中小学语文教育改革的方向，标志着我国的语文课程改革与建设进入了一个新的时期。

课程标准是教学的航标灯。语文教师学习和研究新课标，理解和把握新课标，是了解课程性质和任务、正确把握课程体系的需要，是正确认识教学目标的需要，是科学设计教学的需要,是正确实施教学的需要,是正确进行教学评价的需要。我们要站在推动我国语文教育改革和发展进程的高度来认识研究课标、把握课标的意义。教学设计前要"备课标",就是要做到"胸中有度",将课标精神贯彻到每一课的教学设计中。

（二）研读《语文课程标准》的方法与途径

我们研读《语文课程标准》可以采用以下几个步骤：①通读标准，了解概要。②列出课程结构图，纲举目张。③研读每一个部分，找出关键词，把握重点内容。④细读体现语文课程最关键的内容，如"前言"部分的"课程性质"、"课程基本理念""课程目标"部分的"总体目标与内容"以及"阶段目标与内容""实施建议"部分的"教学建议"、"评价建议"以及"课程资源开发与利用建议"。我们要理解每一项内容的含义。⑤深入探究目前所任教学段的"目标与内容"，并将它们熟记于心，以便在平时的教学中经常对照。

除了研读课程标准正文外，后面的5个附录也需要关注。附录1关于优秀诗文背诵推荐篇目的建议。附录2关于课外读物的建议，教师首先要认真阅读这些作品，然后才能适时推荐给学生，做到课内外结合。附录3语法修辞知识要点，其中罗列的语文本体知识，我们需要逐一对照，检查自己是否已经掌握了这些知识，如有缺失及时补上；此外，还要经常提醒自己在教案设计时，要根据年段要求、教材特点，将这些知识教给学生，让学生打下良好的语文基础。附录4识字写字教学基本字表。附录5义务教育语文课程常用字表。附录4、附录5教师要掌握好，有利于识字教学的实施。

在研读课程标准时，我们还可以学习专家解读课程标准的文章或讲话。如全国小语会理事长崔峦关于《小学语文课程标准（2011修订版）》解读；王尚文《我看语文新课标》（王尚文博客2012.02.22）；巢宗祺《关于语文课程性质、基本理念和设计思路的对话》(《语文建设》2012.03)、《义务教育语文课程标准修订概况》(《课程·教材·教法》2012.03)；杨再隋《育人为本与时俱进》(《小学语文教学》)等。他们专业的视角、精辟的分析、独到的见解，会帮助我们进一步深刻领会课程标准的精神，掌握课程标准的精髓，以便在制定教学方案时能够更好地贯彻落实。

二、掌握学科本体知识

（一）掌握学科本体知识，夯实语文基础

新课标指出：九年义务教育阶段的语文课程必须面向全体学生,使学生获得基本的语文素养。语文素养是一种以语文能力为核心的综合素养，其要素包括语文知识、语言积累、语文能力、语文学习方法和习惯，以及思维能力、人文素养等。作为第一要素的"语文知

识"对语文学习的指导和促进作用是不容忽视的,而这些知识的传授需要教师有良好的语言文字功底。因此,扎实掌握任教学科的本体知识是教师必备的教学素养。教师具备良好的教学素养才能保证在课堂教学中向学生正确地传授知识。

分析当前小学语文师资队伍状况,一部分是汉语言文学专业毕业的,具备比较系统的本体知识,这部分教师可集中精力研究小学语文教材,梳理教材中要教给小学生的语文知识,然后从注重学科知识和教学技能转向更加注重专业能力和教育境界的提升。还有一部分教师是非汉语言文学专业毕业的,亟须补上语文本体知识,先夯实语文基础,确保教授正确的知识,再学习教学技能,掌握教学艺术,提升教学能力。

(二)梳理小学语文知识,促进学习指导

语文课程标准中"关于语法修辞知识"一节中提到:本标准"学段目标与内容"中涉及语音、文字、词汇、语法、修辞、文体、文学等丰富的知识内容,在教学中应根据语文运用的实际需要,从所遇到的具体语言实例出发进行指导和点拨。指导与点拨的目的是帮助学生更好地识字、写字、阅读与表达,形成一定的语言应用能力和良好的语感,而不在于对知识系统的记忆。

解读课标,关于语文知识的学习有以下几方面的要求:一是语文教学中要指导和点拨学生掌握语文知识;二是要求学生掌握的语文知识所涉及的范围较为广泛,包括语音、文字、词汇、语法、修辞、文体等;三是根据语用的需要,从具体的实例出发指导学生掌握这些语文知识;四是学习语文知识的目标以帮助学生更好地识字、写字、阅读与表达,形成语文能力。

根据上述要求,教师要有深厚的语文知识功底,还要掌握指导的方法。本节依据课标要求,大致梳理了教材中的语文基础知识,并提示一些阅读和作文的方法,还提供了学习或查阅相关资料的路径。在本课的学习中,老师可温习这些知识,并做自我检测。学科本体知识的掌握有助于大家细读文本时更好地发掘教材中的语文因素;有助于将这些知识分散在每一课的教学设计中,使教学设计凸显语文课程的性质,彰显语文课程的任务;有助于指导学生用知识和方法更好地识字、写字、阅读与表达。

三、学习分析语文教材

(一)语文教材富有培育学生语文素养的价值

《语文课程标准》对语文教材的编写建议共有 10 条,可以启发我们了解语文教材的价值。我们要充分利用教材的时代特点和现代意识,帮助学生关注现实,关注人类,关注自然,树立正确的世界观、人生观、价值观;我们要充分利用教材,继承与弘扬中华民族的优

秀文化和革命传统,帮助学生增强民族自尊心和爱国主义情感;我们要充分利用教材,激发学生的学习兴趣和创新精神,引导学生掌握语文学习的方法,养成良好的学习习惯;我们要充分利用教材中的注释和练习启发学生在探究中学会学习。我们要将教材的效应最大化,做到认真钻研教材,正确理解、把握教材内容,创造性地使用教材。这也是《课程标准》对教师的教学建议中提到的要求。

(二)潜心研读文本,把握工具性和人文性的统一

教材是教学的载体,于漪老师说:教师要精读、细读文本,要在"读懂"这两个字上下苦功夫。她说:如果要真正读懂文本,必须思考这样几个问题。首先要了解文章到底写什么。一篇文章往往表象容易看,深层次的内容不容易读懂。其次,了解作者是怎么写的。最后弄明白为什么要这样写,而不是那样写。这体现着教师的阅读能力。《语文课程标准》要求语文教师学会分析教材,只有潜心研读文本,才能挖掘教材的核心价值,才能从语文课程的角度确定教学内容,才能把握人文性和工具性的统一。

具体来说,我们可从以下几方面入手分析教材:①作者:弄清作者的籍贯、生平、成就、文章风格、文学成就及重要著述,也可了解一些趣闻逸事等。了解作者所处的时代,以及同时代人和后人对他的评价。②课题:弄清文章的出处、背景、题意等重点。③文体:弄清文章的体裁(记叙文、说明文、议论文、童话、寓言、儿歌、古诗、现代诗、日记、书信、剧本等)。④表述方式:文章是叙述还是描写,叙述上有什么特点,描写上有什么特点。⑤大意:能概括地说清楚课文主要讲了什么。⑥主旨:领悟课文的中心思想。⑦生字:分析每个字的音形义,预设学生在识字、写字时的难点。⑧词语:理解每个词语的意思,预设学生在学习时的难点。⑨语句:寻找课文的中心句、重点句,以及需要学生掌握的句式。⑩写作特点:可从语言、形式、修辞等方面进行分析。

如果按照上述10个方面去钻研文本,应该是达到"细读"和"精读"了。但我们一定要牢记,"细读"并不一定要"细教"。于漪老师说:对于语文教材要注重取舍、剪裁,教语文一定要舍得割爱,要树立明确的教学目的,要有所为,有所不为。因此,教师在潜心研读文本时,还要依据课程标准,根据年段目标思考什么要"为",什么不"为"。

三、分析学生学习情况

(一)分析学情——有助目标达成

课程是动态生成的生态系统,因"教师—教材—学生"之间不断地相互作用而生长。在这个系统中,学生是最活跃的因素。因此,学情分析是教师履行岗位职责、胜任教育教

学工作、完成教书育人所必须具备的专业知识和专业技能之一。学情分析既是教学目标制定的基础，又是教学内容的处理、教学策略与学生学习活动选择的依据。于漪老师曾经说过"心中有书，目中有人"，因此，教师对于学情的分析有着十分重要的意义。我们制定目标、选择方法都必须以学生的学情为前提，这样才能有助于教学目标的达成。

（二）分析学情的方法与操作建议

首先，我们要对学生的家庭背景、思想状况、兴趣爱好、学习态度、思维习惯等有一个比较全面的了解，特别是学生对于本学科的学习兴趣更要深入地了解。可通过问卷调查、个别谈话、家长访谈等渠道，了解班级学生对语文学习感兴趣的比例有多少，缺乏兴趣的比例有多少，原因何在。针对了解到的情况，教师可调整或制定相应的措施，这样才能实现因材施教，最大限度地提高学生学习的积极性。学习积极性决定着学生的学习态度，而学习态度对学生的学习成效起着决定性的作用。

其次，要了解学生原有的知识与技能水平，即了解学生已经知道了什么（先前经验）、学生还想知道什么（自发动机）、学生能知道什么（教学目标）、学生如何知道什么（教学过程）。特别是要摸清学生相关知识基础和能力的实际。比如：在字词句段篇方面的知识掌握得怎样？在听说读写方面的能力如何？了解学生这些方面的知识水平和能力，一是可以让学生通过预习独立了解课文内容，完成预习任务，然后组织学生交流，在这个过程中可以发现问题，为教师制定或调整教学目标提供依据。二是在制定目标时，要充分做好预设，分析目标中要求掌握的知识与技能哪些是学生可以通过已知来解决的，哪些是需要教师提供解决问题的路径的，哪些是需要手把手指导的，在教学过程中哪一类学生可能在哪些环节会出现怎样的困难，这些难点如何突破，选择怎样的方法和策略进行有效的引导等等。三是在教学过程中要细心观察学生，根据学生的生成对教学目标以及课前预设做出相应的调整。

此外，我们还可以根据所掌握的学情制定一些有效的教学策略，如分配更有利于教学的学习小组、建立有利于实施个别辅导的学生学习档案卡等，这样能为因材施教提供便利。

第四节　实践操作

根据以上理念，新课程标准下的语文教学设计的流程可概括为：

一、文本解读

　　文本是教学的凭借。文本作为作者思想和体验的载体，对它的价值和内涵的发掘，是进行教学设计的前提。文本解读是发现文本潜在密码和意义的过程。文本解读的过程也是教师与文本对话的过程，正如特级教师于文正所说："课前，老师得先和文体'对话'，即钻研好教材。只有把教材把握好了（包括朗读课文）才能和学生交流。我备课没有什么诀窍，就是翻来覆去地诵读、默想，当读出自己的理解、情感，读出文章的妙处（小到一个字、一个词、一个句子，大到一段文字、篇章结构、文章立意），读出自己的惊喜时，我便敢走进课堂。每篇文章都有它的精妙之处，而且都可以从读中去发现。自己能力有限，所见有限，便和同事讨论，主动求教于方家，或者听听别人的课——这也是'对话'。"

　　每篇课文都有独特的内涵。"课文隐藏着作者生命意识的律动，燃烧着作者爱与恨的情感，交织着作者悲与喜的感受，低回着作者对人生悲欢离合的倾诉，表现着作者追求正义与真理的呐喊。"所以，教师必须与文本进行深层次的对话，充分发掘文本的潜在价值，解读其负载的文化思想内涵，善于把握作者语言特点和运用语言的特色，把握文本的系统性和整体性，提取文本中的养分，与教材拉近距离，与之亲和，与其所表达的思想感情接近，产生共振共鸣，这样才能进行富有创意的教学设计。

　　教师对文本的研读，主要包括以下内容：了解作者的写作意图，正确理解文本的主旨；把握准训练点，引导学生自主学习、拓展和延伸，形成富有个性化和创建性的意义建构。在此基础上，教师站在一定的背景下，进行个性化教学设计。特级教师钱梦龙谈他备课的方法时说："每次备课，我总要把课文一遍一遍地读，反反复复地想。有的课文语言优美，声情并茂；有的课文说理严密，逻辑性强。我就采取不同的读法来评析、鉴赏、品味，直到确实品出了味儿，读出了心得，才进一步考虑教什么和怎么教。由于这些心得都来自亲身的阅读体会，课文也早已烂熟于心，因此教学中常有得心应手、左右逢源的快感，还不时带点激情。"

　　由于文本内涵的丰富性，不同的教师对文本也会有自己独特的和个性化的体验，如《圆明园的毁灭》是一篇传统课文，一般来说，教师把它当作一篇爱国主义教材来教，将其定位为"勿忘国耻，振兴中华"。有一位教师却站在国际大背景下解读文本，将其定位为"呼唤文明，呼唤和平"，其教学设计就具有了时代性，显出了个性色彩。

二、目标设定

　　在教学目标的设定上，课程标准指出："努力改进课堂教学，整体考虑知识与能力、情感与态度、过程与方法的综合。"由此可见,新课程标准教学目标的设定注重了综合性。美国教育心理学家布卢姆等人提出的"教育目标分类学"中,将教学目标分为认知、情感、动作技能三大领域。因而,有人提出语文教学目标体系,有"认知智能""情感品德""动作技能"三个领域的目标。但语文课程标准的课程目标是依据知识与能力、过程与方法、情感态度与价值观三个维度来设计的。这种设计思路意在克服以往将知识和能力、学习结果和过程方法、个体的情感体验和价值观的培养割裂开来,甚至对立起来的弊端,强调了三者的整合。

课程标准中的语文教学目标,首先关注的是学生的全面发展。新的语文教育理念的核心就是"把以学科旧有知识为中心变为以人的全面发展为中心"。因而,回归学生,以学生发展为本,全面提高学生的语文素养是语文教学的总目标。语文教学应使学生在以语文知识掌握为主线的过程中实现个体的充分发展,在学习语文知识的过程中掌握学习的方法,形成丰富的情感,养成良好的态度。

其次,教学目标的设计还应充分体现人文精神与科学精神的融合。这是由语文课程的性质决定的。语文教育应从纯工具走向关注人,关注鲜活律动的生命,因为"语文是最重要的交际工具,是人类文化的重要组成部分。语文教学的目标除了字词句的获得外,更强调生命性的感悟与表达。因此,教师要深入学生的心灵,了解他们的兴趣、需要、愿望、兴奋感及困惑、焦虑和烦恼。在教学设计中必须动态地把握学生的心理活动特点及其规律。一些西方教育专家曾提出过"教学心理化运动"的主张。美国心理学家格林伦提出:"教师关于有效教学的知识,很大程度上是属于心理学的。"

另外,在教学目标设计的要求上还应注意讲究科学,有序地安排;把握学情,切合学生的实际理解能力;有所创新,适当增添新内容、拓展新领域。表述上要明确、清晰,便于落实和检测。

三、资源准备

语文课程标准指出:学校和教师"要有强烈的资源意识,去努力开发,积极利用""应当争取社会各方面的支持,与社区建立稳定的联系,为学生创设语文实践的环境,开展多种形式的语文学习活动""应高度重视课程资源的开发与利用,创造性地开展各类活动,增强学生在各种场合学语文、用语文的意识,多方提高学生的语文能力"。

教育资源有基础性资源与生成性资源两类。从基础性资源的角度看,学生已经具有的语文基础(已经认识的字词篇章等)、生活经历、社会生活中不断出现的语文文本,都应该也可能进入小学语文课堂教学,极大地提高学生语文学习中的输入量。作为教师,也应该对之进行一定的精选和再组织,以提高其质量。这样,生活、课外读物、自己的感受与遭遇,都成为语文学习中可以利用的资源。课程资源的开发和利用,往往能达到意想不到的效果,如特级教师刘中林在执教《捞铁牛》一课时,提了这样一个问题:

"这是一头怎样的铁牛呢?你觉得捞上来容易不容易呢?"学生纷纷发言,都认为很重。老师又问:"那么,这头铁牛有多重呢?"学生议论纷纷"几百斤吧!""几千斤吧!"这时,老师说:"有这样一个资料,请大家读一读。"

"铁牛卧伏,矫角昂首,牛身下铸有小铁山,入地丈余,像个大铁柱,可系铁链。在牛旁铸一铁人。估计每头牛有3立方米,重52000斤。"

学生读完资料,情不自禁喊"五万两千斤,好重啊!""好了不起啊!""中国太伟大了!"

在这个教学片段中,教师了解学生现有的知识和情感态度,利用自己搜集的资源,使学生发出感慨,感到吃惊,由情感的激发达到三维目标的实现。

"从生成性资源的角度看,这是在教学过程中不断涌现出的新的生命信息。不同个体经历与发展水平的差异、教学中的偶然事件乃至失误、灵机一动等等,都会为课堂教学带来新的可能,尤其是对学生的成长具有重要导引价值的闪光点,如果能被教师抓住并很好地利用,对师生的成长都具有积极的价值。"正如特级教师高林生所说:"每个学生先天拥有的遗传基因和潜能是大体相适应的,关键是要在后天为他们提供一个优化的、与他们的身心发展的客观规律相似的条件与环境,让一颗颗充满了生机与活力的'种子'尽情地萌发、舒展、长大……如果从语文教学的角度来看,这里所谓的环境与条件,主要是指那些与学生的大脑、神经、生理发展相适应的,令他们乐此不疲、健康向上的信息和可供他们历练的平台。这一资源既潜藏于课堂,也潜藏于课外;既潜藏于学校,也潜藏于家庭、社会与大自然之中。这类资源既来源于我们对相对静止'文本'的挖掘,也来源于我们对师生、生生之间对话、合作、交流过程中迸发出来的有价值信息的察觉与把握。从某种意义上说,后者,即教学过程中碰撞出来的转瞬即逝的'火花',更具有灵性和生命力。"

进行教学设计的资源准备,一般包括:

1. 教师对学情的分析

教学是师生的双边活动,课程标准强调学生是学习的主体,教师的教要以学生的学为最终目的。奥苏伯尔在《教育心理学:认知观》的扉页上写道:"影响学习的唯一最重要的因素,就是学习者已经知道了什么,要探明这一点,并应据此进行教学。"教师在进行教学设计时,一定要全面调查和了解学生的学情,这种调查和了解必须是整体和综合的,要了解学生的知识与能力、过程与方法、情感态度与价值观,全面考查本班学生的学习素养,这种学习素养的调查和了解又侧重于学生的情感体验和感悟能力。

2. 信息资源的准备

要选择新鲜、及时、活泼,让学生喜闻乐见的信息资料,比如从网上下载。通过网络,可以使世界各地的各种语文资源与现行语文教材紧密结合,以课内语文教材为中心,抓住某一结合点,运用信息技术进行资料搜集、网上阅读与交流等发散性、拓展性实践活动,或以网上语文资源为教材,进行广泛的网上阅读、网上作文、网上交流等语文实践,以百川汇海的形式,储备网上的语文资源,为有效的教学打好基础。

3. 教学媒体的选用

教学媒体是承载和传播(递)教学信息的载体或工具。赖泽和R.M.加涅认为,教学媒体是"传递教学信息的物理手段"。根据这一定义,印刷的课本、录音磁带、训练器材、电视节目、教师的演讲以及很多其他物理手段,均可视为教学媒体。最优化的媒体选择,往往是针对一节课内的具体目标确定的。

四、情境设置

建构主义认为,学习总是与一定的社会文化背景及情境相联系的,在实际情境下进行学习,可以使学习者运用原有认知结构中的有关经验去同化与融合当前学到的新知识,从而赋予新知识以某种意义;如果原有经验不能同化新知识,则要引起"顺应"过程,即对原有认知结构进行改造和重组。总之,通过"同化""顺应"才能达到对新知识意义的建构。

语文教学中的情境设置,是指根据学生已有的知识经验,将生活情境与教学情境进行链接,从而创设一种能调动学生生活积累,激发学生学习兴趣的课堂情境。这就要求教师设定现实的情境,汲取学生切身的生活体验,与学生展开直接的、面对面的对话,这样学生才会习得富有真情实感的、能动的、有活力的知识,学生的人格才会真正得到陶冶。

李吉林老师倡导的情境教学法是一种能够充分培养语言感悟能力的教学模式,它可以创设一定的课堂教学气氛,让学生仿佛有一种身临其境、如见其人、如闻其声的真切体验与感受,从而陶冶情感,感悟语言文字。如有位教师设计《威尼斯的小艇》一课时,在课前让学生制作小艇模型,使学生形象、切近地掌握小艇外形的特点,贴近了课文的情境。在课堂教学中,运用录像、板画、动手操作、口语交际等手段,使情境得到延续,逐渐丰满,学生由学习者变成了旅游者,课文由文字变成了立体的环境,威尼斯由千里之外变成了萦绕身旁,小艇由书中画面变成了一会儿握在手中,一会儿游弋在眼前,一会儿置身其间。学生在不知不觉中,潜移默化地感悟了语言文字,体验到了情趣。由此可见,只有带学生走入情境,课堂才会紧紧吸引学生,富有人性的光彩。

特级教师窦桂梅在执教《难忘的一课》时也恰如其分地创设了情境,如开课播放歌曲

《我的中国心》，出示对联"风声雨声读书声声声入耳，家事国事天下事事事关心"，负载着浓烈爱国情怀的歌曲撞击着学生的心灵，包含着爱国热忱的对联打开了学生的心扉，此情浓此意深，极大地引发了学生学习的激情。结尾处，教师又大有深意地引出余光中的《乡愁》，师生共读共赏，拓展了文章的内涵，升华了学生的情感，课堂上下达到了"同频共振"的效果。

教学环境的"信息化"与"生活化"将学生带入情境，课堂才会紧紧吸引学生，富有人性的光彩。对于课堂教学情境设置的原则，有专家提出以下几条：

（1）学习者明确学习任务。

（2）学习环境中的目标与教学目标应该相符合。

（3）设计接近生活真实的、整合了多重内容或技能的任务。

（4）设计能够反映学生在学习结束后就从事有效行动的复杂环境。

（5）给予学生解决问题的自主权。

（6）设计支持和激发学生思维的学习环境。

（7）鼓励学生在社会背景中检测自己的观点。

（8）支持学生对所学内容与学习过程的反思，发展学生自我控制的技能，成为独立的学习者。

五、活动设计

这里的活动设计包括师生双边活动，特别是学生的自主活动。明确"以学生为中心"，这一点对教学活动设计有至关重要的意义。那么，如何在教学活动设计中体现以学生为中心呢？建构主义认为：（1）要在学习过程中充分发挥学生的主动性，能体现出学生的首创精神。（2）要让学生有多种机会在不同的情境下去运用他们所学的知识。（3）要让学生根据自身行动的反馈信息来形成对客观事物的认识和解决实际问题的方案。

语文课程标准中明确地指出："语文课程必须根据学生发展和语文学习的特点，关注学生的个体差异和不同的学习需求，爱护学生的好奇心、求知欲，充分激发学生的主动意识和进取精神，倡导自主、合作、探究的学习方式。教学内容的确定，教学方法的选择，评价方式的设计，都应有助于这种学习方式的形成。"由此可见，活动设计要站在促进学生全面发展的高度，以生为本，以学定教，自主、合作、探究式的语文学习活动是活动设计的重点。叶圣陶先生说过："教师当然须教，而尤宜致力于导。导者，多方设法，使学生能逐渐自求得之。"教师何时指导，何时参与，如何小结，学生如何分组学习，怎样讨论，学习汇报采用什么形式等，都应该做出具体设计，充分体现为学生的学习服务的原则。

甘肃省兰州市的李翠琴老师在《卜算子·咏梅》的活动设计中,设计了如下几个阶段的活动:在"学生自主学习"阶段,让学生熟读背诵课文(5~8分钟),给学生充分解读文本的时间;在"分组合作练习"阶段,让学生根据自己平时的喜好,自愿组合,分成"我爱背""我爱写""我爱画"小组,分头完成各自不同的任务:(1)朗读背诵全词;(2)默写、抄写全词,或者写点读书心得;(3)想象意境,画一幅《梅花》图;(4)汇报并展示成果,教师、学生共同评价。这样的活动设计,体现了学生活动的自主性,尊重了学生的个性,有利于培养学生的合作意识和探究精神。

特级教师吉春亚执教《詹天佑》,对师生活动的设计很有特色。师:细读"勘测线路"部分,文中哪一处你最感动,你想对詹天佑说些什么?(把自己的体会用点评形式写在书上)

师:同学们,看了你们书中密密麻麻的阅读批注,我知道你们的批注是丰富的,老师愿意分享你们丰富的喜悦,下面自由交流一下批注的情况,好吗?

在吉老师的引导下,学生与文本进行跨越时空的心灵对话,有感于心,实现了自我超越。当他们的精神活动积极活跃起来时,言语便喷涌而出,整个课堂也在心灵的对话中活力四射。

学生批注,教师巡视;学生交流,教师参与对话。活动设计充分体现了学生是学习的主人这一理念,同时也表现了师生在互动交流中所体现出来的民主平等。

香港黄锦艳老师在《漫谈沟通》的教学中,师生活动设计十分有特色。其主要活动有猜一猜,演一演,解难能力大考验,问答大比拼(一),问答大比拼(二),朗读时间。

他在课前热身时,设计了一个让学生猜纸条内容的活动。新鲜、有趣的猜谜游戏,一下子拉近了与学生的距离,消除了学生的紧张感,将学生引入生活。在"解难能力大考验"部分,教师采用小组讨论的形式,要求各小组共同解决难题,然后分别汇报,"你用什么方法来解决你遇到的难题呢?"在读完课文后,设计"游戏时间",进行问答大比拼(发给每组一张答题卡),并提示:(1)分组讨论;(2)按照课文的内容设计一个问题;(3)问题里必须有为什么或怎样这两个词语;(4)时限:3分钟……

这样的活动设计,立足于学生活动,注重发挥学生的主体作用。因此,课堂活跃,学生交流热烈,教学效率高。

六、作业设计

课程标准提出:"教师要精心设计作业,要有启发性,分量要适当,不要让学生机械抄写,以利于减轻学生负担。"因此,教师在进行作业设计时,要转变观念,不再将作业窄化为检验学生语文知识掌握情况的唯一手段，而应该细思量巧设计，探究内容的开放和整合，强调过程的合作和实践，关注学生的个性差异，注重形式的创新和趣味，更加贴近学生生活和社会实际。

　　作业设计也要注重发挥学生的主体作用，自主应当成为小学生语文作业设计的重要原则。作业的设计和布置也可一改以往的命令式、强制式，针对学生的差异，从学生的实际出发去设计多梯级的作业，给学生留有自主选择的空间，发挥学生学习语文的主动性。教师应该针对每个学生接受能力的不同合理地设计作业，增加作业的选择性。学生可以自主选择作业的数量和完成方法，让学生根据自己的情况选择，使不同层次、不同水平的学生都能体会到成功的乐趣。

　　作业设计包括文本式和非文本式，听、说、读、写全面开花，将听、说、读、写与演、唱、画、制作、游戏以及参观、访问、调查研究等学生喜闻乐见的形式巧妙结合，让作业富有趣味性，具有吸引力。有的教师还将作业的设计形式归纳为以下几种：信息集成式、主题创意式、观察积累式、实践操作式、思辨内省式、口头表述式等。

七、板书设计

　　通过对教学内容的深入钻研，设计出科学性与艺术性俱佳的板书样式，是使所备教案臻于完善的一项重要的工作。图文并茂、形式新颖、眉目清晰、工整条理、色彩鲜艳的板书，是教师在研究型备课中的艺术结晶。板书的完成，可以打破教师一以贯之的常规，充分发挥学生的主体性，让学生参与，多写多画多评。随着时代的飞速发展，计算机技术的发展与普及为我们的教育教学带来了新的生机，在新教材实验中，我们可以利用以计算机、投影仪为核心的多媒体系统综合处理各类媒体的信息，更能体现生动性。

　　科学的板书设计往往对学生准确全面地理解课文内容、深刻把握作者思路、提高教学效率起到事半功倍的作用。值得称道的板书设计，应提取课文的"筋骨"，理清课文的"脉络"，展示课文的"灵魂"，构成课文的"缩影"。板书设计突出了教学的重点、关键，解决了教学难点。在教学中，它还有加强学生记忆、增强语言效果的作用。板书的种类很多，从语言的运用来分，有提纲式、词语式；从表现形式来分，有文字式、表格式、图画式；从内容来分，有单项式、综合式等。不同的板书有不同的作用，如提纲式能突出学习重点，便于学生抓要领，掌握学习内容的层次和结构，培养分析和概括的能力。图画式能形象展现教学内容，引起学生注意，激发学生学习兴趣。

八、教学反思

如今,教师的成长与发展已经成为教育研究界关注的一个话题。一个教师在生命过程中可以自然地成长,但他的发展则需要用心去努力达成。其中,自觉性的反思行为是教师应该具备和坚持的。像教学活动要求学生"学会学习"一样,教师也要能够在反思中"学会教学"。教学有其延续性,教过了不是了结,不能边教边丢,教后要反思自己的教学行为、教学环节、学生的变化,这样可使以后的教学工作搞得更好。正如有的教师所说:通过反思,在学生的"错误"中求发展,在教师的"失败"中寻发展,在教材的"局限"上谋发展。

对于如何课后反思,有人提出要做到"认可,解构,开掘,适度"。认可,就是总结自己在教学中的成功之处,自我肯定;解构,指在反思中将过去形成的过时了的,甚至错误的观点、做法予以解除或摒弃,只保存合理的部分;开掘,指对教学中的成功之处不仅要肯定,还要从中开掘进一步发展的空间,为今后的教学做准备;适度,指反思不可过度,否则背负沉重的心理负担,会阻碍前进的步伐。

著名特级教师于漪老师说过:"语文教学活动是复杂的师生双方的活动,既是科学,又是艺术,其中甘苦,如鱼饮水,冷暖自知。教后提笔书写'冷'与'暖',不仅别有一番风味,更是为了孜孜以求,积极进取,做不畏劳苦的语文教学规律的探索者。"

第五节 小学语文常见的教学方法

教学方法是在教学过程中,教师和学生为实现教学目的、研究教学内容、运用教学手段而采取教与学相互作用的活动方法的总称。

教学方法的研究是教学理论研究的核心内容之一。从某种意义上来说,教学研究的发展史就是人们探索有效教学方法的历史。纵览国内外有关教学方法的研究成果,历史上积累下来的教学方法是极其丰富的。孔子的"温故而知新""学而不思则罔,思而不学则殆",约翰·弗里德里希·赫尔巴特(Johann Friedrich Herbart)的"五段教学法",杜威的"从做中学",欧美学者的发现法和讲授法、归纳法和演绎法、媒体教学法和非媒体教学法,以及后来旨在探讨与各种教学情境和教学目标相吻合的多样化教学方法,在各国的母语教学中均发挥着不同程度的作用。

语文教学法是研究中小学语文的教学规律、教学原理的方法。近30年来,随着教育改革的深化,语文课程的发展呈现出生活化、多样化的面貌,也导致教学方法呈现出多样性、丰富性的特点。由于小学和中学的语文教学有很大差别,因而语文教学法还分为小学语文教学法和中学语文教学法。语文教学法还有一些分支,诸如识字教学法、语文基础知识教学法、阅读教学法、作文教学法等。

一、小学语文常用的教学方法

"教学有法,但无定法。"选用什么样的教学方法,需要以课程标准为指南、以课程改革为方向,针对教材的特点和学生的实际情况,依照本地文化的特色和教师的个人特长,选用恰当的教学方法。下面详细介绍小学语文常用的教学方法。

(一)讲授法

讲授法是教师通过简明、生动的口头语言向学生传授知识、发展学生智力的教学方法。它通过叙述、描绘、解释、推论来传递信息、传授知识,引导学生分析和解决问题。

1. 讲授法的主要方式

讲授法的优点是教师容易控制教学进程,能够使学生在较短时间内获得大量系统的科学知识。但如果运用得不好,学生学习的主动性、积极性就不易发挥,甚至会出现教师"满堂灌"、学生被动听的局面。

讲授法的基本形式是教师讲、学生听,具体地说,又可以分为讲述、讲读、讲解三种方式。

讲述:教师向学生叙述、描绘事物和现象。

讲解:教师向学生解释、说明、论证概念和原理等。

讲读:教师利用教科书边读边讲。

2. 运用讲授法的基本要求

第一,讲授既要重视内容的科学性和思想性,又要与学生的认知基础发生联系。

第二,讲授应注意培养学生的学科思维。

第三,讲授应具有启发性。

第四,讲授要讲究语言艺术。语言要生动形象,富有感染力,条理清楚,通俗易懂;音量、语速要适中;语调要抑扬顿挫,适应学生的心理节奏。

(二)谈话法

谈话法是教师根据学生已有的知识经验,借助启发性问题,通过口头问答的方式,引导学生通过比较、分析、判断等思维活动获取知识的教学方法。谈话法的基本形式是学生在教师的引导下通过独立思考进行学习。

谈话法的优点是教师能够比较充分地激发学生的主动性，促进学生独立思考，对学生智力的发展有着积极的作用，也有助于学生语言表达能力的锻炼和提高。谈话法的缺点是与讲授法相比，完成同样的教学任务，它需要更多的时间。此外，当学生人数较多时，教师很难照顾到每一个学生。因此，谈话法经常与讲授法等其他教学方法搭配使用。教师在运用谈话法时，应当注意以下几点：

1. 做好充分的准备

围绕什么内容进行谈话？提出哪些问题？向哪些学生提问？学生可能做出什么样的回答？怎样通过进一步的提问引导学生？这些问题，教师都应当在事前进行周密的考虑和安排。

2. 谈话要面向全体学生

尽管谈话只能在教师与个别学生之间进行，教师还是可以通过努力吸引所有的学生。首先，谈话的内容应当是能够引起全体学生注意的、在教学中具有普遍性和重要性的问题。其次，教师应当尽可能使谈话对象具有代表性，比如选择不同层次的学生进行谈话。最后，在谈话时，教师可以适时加些适当的解释和说明，便于学生理解和接受。

3. 在谈话结束时进行总结

在谈话中，学生表达想法时往往说得不够准确、精练，因此在谈话的最后阶段，教师应当用规范和科学的表述对学生所获得的知识加以概括和总结，从而强化他们的学习效果。

（三）朗读法

教师在课堂上充分运用朗读法，朗读优秀作品，品味其语言特点，感受其思想，教会学生如何通过"读"来领悟语言的魅力，从而发展想象力和审美力。

1. 选择合适的内容进行朗读

事实上，并不是每一篇文章、每一首诗歌都需要进行全篇朗读的，有些段落、章节迅速浏览一下即可，有些段落、章节则需要反复品读。

2. 朗读的目标要明确

每一次朗读都要有一个明确的目标，既要体会语言所传达出的美，又要体会作者所写景物的画面感，揣摩作者是如何以情驭景、以景显情、情景交融的。

3. 抓住关键词反复体会

很多诗歌、散文都有值得细细品味的字词，只要把握住关键的字词，读准关键字词的轻重缓急，整句、整段、整篇所传达出的感情也许就能准确把握了。

4. 对比阅读文中相同的字词

可以将不同文章中相同的字词提出来进行对比阅读，不同的环境、不同的感情，一对比就一目了然了。

5. 朗读的形式要多样

朗读的形式很多,诸如齐读、领读、分角色读等。在课堂上,教师一定要灵活选用多种形式对文本进行朗读,切忌整堂课齐读或者由教师承包所有的朗读,那样学生会失去学习兴趣,课堂也会显得枯燥乏味,也就很难达到预期的教学效果。

(四)讨论法

讨论法是指在教师的指导下,学生以全班或小组为单位,围绕教材的中心问题,各抒己见,通过讨论或辩论活动,获得知识或巩固知识的一种教学方法。其优点是可以培养全体学生的合作精神,可以激发学生的学习兴趣,也可以增强学生学习的独立性。一般在高年级学生或成人教学中采用。运用讨论法的基本要求如下:

1. 讨论的问题要具有吸引力

讨论前,教师应提出讨论的问题和讨论的具体要求,指导学生收集与阅读有关的资料或进行调查研究,并认真写好发言提纲。

2. 教师要善于引导学生自由发表意见

讨论时,教师要围绕问题的中心,联系实际,让每个学生都有发言的机会。

3. 教师要适时进行归纳和总结

讨论结束时,教师应进行小结,概括讨论的情况,使学生获得正确的观点和系统的知识。

(五)直观演示法

直观演示法是指教师在课堂上通过展示各种实物,运用直观教具进行示范性实验,让学生通过观察获得感性认识的教学方法。它是一种辅助性教学方法,需要与讲授法、谈话法等教学方法结合使用。直观演示法的基本要求如下:

(1)目的要明确。

(2)现象要明显且容易观察。

(3)尽量排除次要因素或减少次要因素的影响。

(六)练习法

练习法是指学生在教师的指导下巩固知识、运用知识、形成技能技巧的教学方法。练习法的优点是可以有效地发挥学生的各种技能技巧。任何技能技巧都是通过练习形成、巩固和提高的,在教师指导下进行各种及时、集中的练习,学生能够在这方面取得比较好的效果。练习法一般可分为以下几种:

1. 语言的练习

该练习包括用口头语言和书面语言的练习,旨在培养学生的表达能力。

2. 解答问题的练习

该练习包括口头语言和书面语言解答问题的练习,旨在培养学生运用知识解决问题的能力。

3. 实际操作的练习

该练习旨在帮助学生获得操作技能,在技术性学科中占有重要地位。

(七)读书指导法

读书指导法是指教师指导学生通过阅读教科书或参考书,以获得知识、巩固知识,培养学生自学能力的一种教学方法。学生独立阅读不仅是学生在校期间学习的一种重要方法,也是进行终身教育的一种重要方法,更是学习化社会中的一种必备技能。

1. 指导学生掌握阅读教材的科学方法

教材是经过逻辑化、系统化处理的知识系统,是学生获得知识的主要来源。教师应指导学生做好课前预习和课后复习,指导学生阅读教材时提出问题、找出重难点,并试图去解决这些问题。

2. 指导学生阅读课外书籍

一是教师要指导学生有计划地选择课外书籍;二是教师要指导学生掌握良好的读书方法,引导学生把读书与观察、思考结合起来;三是教师要指导学生处理好精读与泛读的关系。

3. 指导学生做好各种形式的读书笔记

坚持写读书笔记,不仅可以保存资料,使知识在自己头脑中系统化,而且有利于书面表达能力的培养。

(八)"读、思、议、导"结合法

阅读教学不能仅限于现成的教材,那样学生的阅读量会太少、阅读面会太狭窄,学生的视野放不开。教师可以利用现成的教材教会学生阅读,让学生将课堂中学到的阅读方法延伸到课外。在一般阅读课文的教学中,教师应该先力争以学生为主体、教师为主导,然后让学生"读一读""想一想""议一议",最后由教师"点拨引导"。

(九)"读、写"结合法

由"读"到"写"是学生阅读能力进一步提高和升华的过程。这里说的"写",并不是说写写生字、写写课文,而是要从大语文教学观来考虑。从低年级阅读教学中的写句子到中年级阅读教学中的写片段，再到高年级阅读教学中的把人物、动物、活动、事件等写具体，并不是一口之功，需要教师耐心地、持之以恒地教给学生阅读方法，培养他们勤于动手、勤于练笔的习惯，逐渐培养他们对写作的兴趣。

例如，教师在教授《美丽的小兴安岭》（部编版三年级上册）一课之前，应先布置学生观察家乡的景物，使学生明确作者是按四季的顺序描写小兴安岭的美丽景色的，表达了作者对小兴安岭的喜爱和赞美之情。借此让学生用文中学到的方法，按一定顺序写一处家乡的景物，诸如家乡的小河、家乡的柳树、家乡的果园等。学生在写作时不仅要写出景物的特点，而且其写作顺序也要明确，还要适当表达自己的真挚感情。

（十）任务驱动教学法

教师先给学生布置探究性的学习任务，学生查阅资料、对知识体系进行整理，教师再选出重点进行讲解，最后由教师进行总结。任务驱动教学法可以以小组为单位进行，也可以以个人为单位组织进行。它要求教师布置任务要具体，学生要积极提问，以达到共同学习的目的。任务驱动教学法可以让学生在完成任务的过程中，培养分析问题、解决问题的能力，培养学生的独立探索及合作精神。

（十一）参观教学法

参观教学法是指组织或指导学生到实践基地进行实地观察、调查、研究、学习，从而获得新知识或巩固已学知识的教学方法。参观教学法一般由校外实训教师指导和讲解，要求学生围绕参观内容收集有关资料、质疑问难、做好记录，待参观结束后，整理参观笔记、写出书面参观报告，将感性认识升华为理性知识。参观教学法可以使学生巩固已学的理论知识，并掌握前沿知识。参观教学法可以分为准备性参观教学法、并行性参观教学法、总结性参观教学法。

（十二）现场教学法

现场教学法是指以现场为中心，以现场实物为对象，以学生活动为主体的教学方法。

例如，为配合教学部编版小学语文三年级上册《灰雀》一课，教师可以先安排学生阅读课文，再安排现场课。教师先让学生阅读课文，找出作者是如何描写灰雀的，明确作者是抓住灰雀外形及动作展开刻画，"两只胸脯是粉红的，一只胸脯是深红的。它们在树枝间来回跳动，婉转地歌唱，非常惹人喜爱"，教师通过引导学生学会从不同角度对动植物进行观察，诸如外形、颜色、声音、动态或者静态等；之后，教师让学生分享交流，使其了解刻画某种动植物或者人物不应面面俱到，而应有所侧重；接着，教师引导学生做现场观察训练，实地提供动植物(兔、公鸡、白鹅、狗、猫、月季花、蝴蝶兰等),让学生自由选择对象,令其把课堂上学习的观察方法运用到实际中,并用生动形象的语言写下来。

(十三)自主学习法

为了拓宽学生的视野,培养学生良好的学习习惯和自主学习能力,增强学生的综合素质,教师通常会给学生布置一些思考题,让其利用网络资源自己寻找答案,并提出解决问题的措施。

自主学习法主要应用于课程拓展内容的教学。例如,当项目教学未涉及作物具体的育种方法和特点时,教师可以组织学生自主学习,使其按照论文的形式撰写学习小论文,并交由教师评价。该教学法可以锻炼学生提出问题、解决问题及进行科技写作的能力。

(十四)问题探究式教学法

问题探究式教学法是指在教师的组织和指导下,学生通过独立的探究和研究活动,探求问题的答案,从而获得知识的教学方法。

运用问题探究式教学法时,应注意以下几方面的要求:

第一,努力创设一个有利于学生进行探究发现的良好的教学情境。

第二,选择和确定探究发现的问题与过程。

第三,有序组织教学,积极引导学生的探究发现活动。

问题探究式教学法实施的基本步骤:

第一,创设问题的情境。

第二,选择与确定问题。

第三,讨论与提出假设。

第四,实践与寻求结果。

第五,验证与得出结论。

(十五)训练与实践式教学法

通过课内外的练习、实验、实习、社会实践、研究性学习等以学生为主体的实践性活动,教师可以帮助学生巩固、丰富、完善其所学的知识,培养学生解决实际问题的能力和多方面的实践能力。

(十六)基于现代信息技术的教学法

现代教学媒体根据人接收信息的感官不同,可以分为视觉媒体、听觉媒体、视听媒体、交互媒体等。

现代信息技术的迅猛发展促使现代教育技术迅速进步,作为高科技产物的计算机辅助教学已融入我们的课堂教学中。在课堂教学中,利用计算机对文字、图像、声音、动画等信息进行处理,形成声、像、图、文一体化的多媒体教学系统,从而进行视、听、触、想等多种方式的形象化教学,既可以激发学生的学习欲望,又可以引导学生对教学内容的理解和掌握,弥补了传统教学方式在直观性、立体感、动态感等方面的不足,使一些抽象、难懂的内容变得易于理解和掌握,取得了传统教学方法无法取得的效果。

（十七）过程教学法

过程教学法的教学重点主要放在学生的写作过程上,强调在学生写作过程中教师可以帮助他们发现、分析、解决问题。教师通过多样化的教学活动,侧重在语篇水平上指导学生写作,包括构思、写提纲、写初稿、修改等各个写作环节。教师的指导贯穿于整个写作过程,直至最后成文。

（十八）主题教学法

主题教学法以培养学生的综合能力为目的,以研究实际问题为教学内容,着重引导学生掌握原理与方法。主题教学法就是通过对原理与方法的教授,引导学生根据自己的需求,自主建立适合自身特点的知识框架,以获得完整的思考体验。

基本模式：引出话题—梳理话题—确定主题—自主探究—反馈交流—赏读领悟。

（十九）情境教学法

儿童教育家、全国著名特级教师、南京师范大学兼职教授李吉林创立了情境教学法。该教学法是指在教学课堂上,教师有目的地引入或创设具有一定情绪色彩的,以形象为主体的生动具体的场景,以引起学生一定的态度体验,从而帮助学生理解教材。情境教学法创设的教学情境科学、适度、恰当,在课堂上能激发学生的求知欲和好奇心,增强学生乐于参与活动的兴趣,引导学生沉浸在探索、思考和发现的情境中,挖掘学生的潜力,开发学生的智力、能力和想象力,培养学生的创造意识和自主探究、合作探究的能力。

1. 情境教学法的特点

第一,创设生活情境,激发学生的求知欲。

第二,创设设疑式情境,激发学生的好奇心。

第三,创设讨论、操作式情境,增强学生的自主探究能力。

第四,创设争论式情境,启迪学生的发散思维。

2. "真、美、情、思"形成独特优势是情境教学法的基本模式

第一,讲究"真",给学生一个真实的世界,使其在符号学习与多彩生活中获得乐趣。

第二,追求"美",给学生带来审美愉悦,使其在熏陶感染中生成主动学习的动力。

第三,注重"情",与学生真情交融,使其在认知活动中获得情感体验。

第四,学会"思",给学生带去思考,使其在理性的力量中成长。

(二十)快乐教学法

快乐教学法是指面向全体学生,着眼于人的全面发展的教育,体现以教师为主导、学生为主体的"双边作用",做到"教书育人、管理育人、服务育人、环境育人",实现在发展中求愉快、在愉快中求发展的一种教学方法。

近年来,我国广大小学教师和研究工作者,针对小学生天真活泼、爱唱爱跳的特点,不失时机地利用其智力发展的最佳期,积极挖掘教材本身所蕴含的快乐因素,把快乐引进课堂,创设了诸如愉快游戏式、想象引导式、动态图片式、情境表演式、故事感染式、新奇引趣式、轻松音乐式、竞赛激励式等多种形式的快乐教学法。

(二十一)案例教学法

案例教学法是一种以案例为基础的教学方法。案例本质上是设置一种教育的两难情境,没有特定的解决之道,而教师在教学中扮演着设计者和激励者的角色,鼓励学生积极参与讨论。案例教学法不同于传统的教学方法,在传统教学方法中教师是一个很有学问的人,并扮演着知识传授者的角色。

1. 鼓励学生独立思考

在案例教学法中,学生要学会自己去思考、去创造,使枯燥乏味的知识变得生动有趣。

2. 引导学生由注重知识转为注重能力

知识不等于能力,知识应该转化为能力。学生一味地通过学习书本上的知识而忽视实际能力的培养,不仅会阻碍自身的发展,也会给以后的学习带来不利的影响。

3. 重视双向交流

在案例教学中,学生拿到案例后,先要进行消化,再查阅各种理论知识,加深对知识的理解,然后经过缜密的思考,提出解决问题的方案,最后请教师给予引导。这不仅可以提高学生的自主学习能力,还可以促使教师加深思考,根据不同学生的不同理解补充新的教学内容。因此,双向交流的教学形式对学生与教师都提出了更高的要求。

第四章 小学语文课程教学设计理论解析

第一节 小学语文教学设计的依据

古人云"凡事预则立,不预则废",教学更是如此。教学设计的目的就是使教学卓有成效。基础教育课程改革对教师提出了更高的要求,要求教师必须发挥教学的主导作用。教师不仅是课程的实施者,还应是课程的建设者、开发者和研究者,语文教师应努力成为"研究型教师"。那么,如何让学生学会学习?如何把课堂的主动权还给学生?《小学语文新课程标准》强调,语文教学设计要改变以往课堂以教师为中心的状态,让学生体验自主学习、合作学习等全新的教学方法,从实践中去构建知识。对小学语文教学活动进行有效设计,有助于激发学生学习的积极性和主动性,提高小学语文的教学效率。那么,小学语文教学设计的依据是什么呢?

一、理论依据

(一)学习理论

学习理论研究的是人类学习的本质及其形成机制,探索人类学习的内部机制,着重研究学习的内部机理。例如,学习是如何发生的?学习机制是什么?在心理学界,学习理论主要有三个不同的代表流派,即行为主义、认知学派和人本主义。

1. 行为主义

行为主义是 20 世纪初起源于美国的一个心理学派,也叫操作主义或联结主义,代表人物是美国心理学家华生、桑代克和斯金纳等人。行为主义认为,人类的心理行为是内隐的,不能被直接观察和测量,可直接观察和测量的是个体的外显行为。学生的行为是他们对环境做出的反应,学习是因刺激而引起的行为变化,学习的发生就是刺激与刺激、刺激与反应之间的联结,所有行为都是习得的。学习即习得新的联结,强调邻近和强化在学习中的价值,并由此可以延伸形成塑造或矫正行为的方法。另外,已有的知识主要是通过各种直接的过程影响新的学习,通过教师创造一种环境,使学生形成新的联结。

首先，教师要把可观察的教学行为作为教学的基础，使用可观察的行为目标来确定教学目标，并依据其进行教学与评价；其次，教师应及时强化学生表现出的正确信息，重视对学习环境的控制，尊重学生自定步调的学习方式；最后，确定课堂教学的可测行为目标，强调教学反馈，协调教学组织形式的类型，解决学生在语文学习中遇到的问题。

2. 认知学派

认知学派是20世纪50年代中期在西方兴起的一种心理学思潮，是西方现代心理学的一个重要流派。广义的认知心理学，指所有侧重研究人的认识过程的学派，包括格式塔心理学的完形理论、托尔曼的符号说和信息加工心理学等不同理论观点的流派。目前，西方心理学文献中所指的认知心理学，多指狭义的认知心理学，即信息加工的认知心理学。其主要内容是论述我们如何获得世界中的信息，这些信息如何作为知识得以再现和转换，它们如何被储存，以及如何用于指导我们的行为。与行为主义心理学强调人头脑中已有的知识，和已知的组织结构对人的行为和当前的认知活动起到决定性的作用不同，认知学派主要研究个体内部的心理活动，关注学习中存在的不同的认知水平。认知学派认为，学习的积累以及是否恰当，取决于学生已有的认知结构，主张学生的学习过程就是运用已有的知识加工由外部环境输入新信息的过程。

认知学派认为，小学语文教学设计应关注在实施语文课程中，按照学生加工语言文字信息的规律和认知活动特点展开教学活动。一方面，教学过程要符合学生加工语言信息的内在心理机制；另一方面，语文教学的活动方式要能够为学生顺利展开认知活动和解决问题创设适宜的外在条件，并对学习背景做出科学的分析。同时，教师要重视学科结构与学生认知结构的关系，协助学生了解他们原有的相关知识、经验积累、个性特征和兴趣动机，使学生明确教学目标，选择教学材料及教学信息的恰当呈现方式，以保证发生有意义的学习。

3. 人本主义

人本主义心理学产生于20世纪50~60年代，它的兴起是对当时科学心理学的一种反思，也代表了社会和教育改革的一种思潮。这个流派并无严密的理论体系，而是由许多持相近观点的心理学家和学派联合发起的一种学术思想运动，代表人物是美国心理学家马斯洛和罗杰斯。人本主义的学习理论以罗杰斯的"以学生为中心"的学说为代表，他主张学生要充分发挥自己的潜在能力，能够愉快、创造性地学习。罗杰斯认为，学习是个人潜能、人格和自我的充分发展，是一种学生自行选择学习材料，自行安排适合于自己学习情境的自主自决、自我实现和自我发展的过程。

人本主义心理学家强调，要促进人格的发展，尊重人的价值，发挥人的潜能，满足人的要求,重视对人的潜能、情感、动机和需要的研究。同时,主张心理学研究要关注每一个人,强调个体的个别差异,重视研究特定个体的心理特点。人本主义课程理论的特点有两个。第一,注重自我全面发展。教育目标指向个体的全面发展和自我实现,它不仅强调智力发展,而且强调伦理、审美和道德的发展。第二,倡导民主对话的方式。教学方法强调建立师生之间相互信任,主张把学生的意志、兴趣和经验摆在重要位置,充分尊重学生的主体地位,构建和谐融洽的师生关系,促进师生间平等民主对话的展开。

人本主义理论强调,在学生感觉到学习内容与自己目的有关时,有意义的学习就发生了。有意义学习理论认为,有意义学习就是建立起新知识与学生认知结构之间的联系。在有意义学习过程中,主体表现为学生认知结构中已有的适当概念,客体表现为要学习的新知识,知识的获得就是主、客体在不断相互作用的过程中积极建构意义的过程。这个过程是一个动态过程,是新知识在认知结构中建造、同化的过程,这一理论成为人本主义心理学家教育观的核心和基础。它冲破传统教育形式和美国现有教育制度的束缚,把尊重人、理解人和相信人,提到了教育的首位。因此,在小学语文教学中,教师应根据不同的教学内容,合理设计教学活动,创设和谐融洽的教学氛围,调控教学进程,促进学生进行有意义的学习。

用该理论审视小学语文教学设计,可以得出以下四点认识:第一,在语文教学设计和实施中,要以学生为中心,突出学生的主体地位;第二,学习是自我发生的,虽然存在来自外界的推动力或刺激,但是学生发现、获得、掌握和领会知识时的感觉,是来自学生内部的;第三,学习是渗透性的,它会使学生的行为、态度和个性发生变化;第四,教师可以在语文课程测量评价中实施"情境性测评"和自我评价,因为学生最清楚这种学习是否满足自己的需要,是否有助于获得他想要知道的东西。将人本主义的学习理论应用于小学语文教学中,要求教师充分尊重学生的主体性地位,突出学生作为学习主体的作用,注重学生语文听、说、读、写能力的培养,以提高学生的语文素养为目标。

(二)教学理论

教学理论是为解决教学问题而研究教学一般规律的科学,是教学设计的直接理论依据。教学理论的不断发展,直接推动了教学设计的产生。巴班斯基的教学过程最优化理论、布鲁纳的结构教学理论、赞可夫的一般发展教学论、建构主义教学理论、当代教育心理学理论和语文课程与教学论等,都为小学语文教学设计提供了理论依据。

1. 巴班斯基的教学过程最优化理论

巴班斯基认为,如果教师能够掌握最优化的组织教学过程的方法,就能在规定的时间内取得最大的教学效果。实现教学过程最优化的关键是选择组织教学过程的最佳方案,巴班斯基运用辩证的系统方法,把教学过程看成一个系统,要求在教学过程中实现社会、心理和控制的三个方面因素的统一。也就是要求教师在确定教学的目的、任务、内容、规则和原则、组织、方法及最后的评价时,都要从全部系统的角度考虑问题,以达到最优处理教学问题的效果。

在教学目的和任务方面,巴班斯基认为,教学不仅要完成知识传授的任务,而且要完成教养、教育和发展这三个方面的任务。教学内容的最优化,就是要求教师在设计每一个具体的教学内容时,都必须符合小学语文教学三个方面的德育任务,必须突出内容中主要的本质因素,要考虑相邻学科间的联系,并考虑补充最新的资料。关于教学的组织形式和方法的最优化,总的原则仍然是综合考虑目的、任务、师生的条件等因素,这些因素确定后,再决定教学的组织形式和教学方法。

用该理论来看语文教学设计,首先,在进行教学设计时,不仅要注重学生听、读、说、写能力的培养,还应该把道德教育、文化教育等渗透到语文学习中。其次,在教学方法的选择上,应该尽可能地丰富多变,改变以教授为主的传统方法,充分调动学生的参与热情,提高教学效率。最后,进行小学语文教学设计时,要注意民主、平等、合作学习氛围的营造,真正体现学生的主体地位,促进学生健全人格的发展。

2. 布鲁纳的结构教学理论

布鲁纳认为,教学的目标就是在促进学生认知结构的形成过程中推动智力的发展。同时,教学的内容应该是学科的基本结构,也就是该学科的基本概念与基本原理。他还认为,不论教什么学科,务必使学生理解该学科的基本结构,引导学生通过发现法掌握学科结构,以便理解和记忆,学生迁移知识和发展能力。在教学过程中,教师要注重学生学习的主动性,重视学习的心理倾向。布鲁纳认为,学生是否具有良好的心理准备状态,是关系教学成败的首要因素。因而,教学设计应当详细说明如何有效地促进学生良好的学习心理倾向的形成。

布鲁纳强调,教学程序和教学步骤主要涉及教材的呈现方法、学生的认知特点和学习方式,它直接影响学生的知识获得和能力发展。根据布鲁纳的结构教学理论,在进行教学设计时,具体有三个基本要求。第一,教材的呈现顺序要与学生的认知发展相适应;第二,教学程序的设计要考虑经济有效的观点;第三,教学程序的设计要促进学生的智力发展。该理论对于语文教学设计的启示包括三个方面。首先,在进行教学设计前,应该充分了解学生的心理倾向,分析学生是否具有良好的心理准备状态;其次,要重视语文基本学科结构的设计,重视听、读、说、写等能力的全面设计,不能只关注其中一方面;最后,在进行教学设计时,不仅要关注语文知识的传授,更应关注学习方法的指导和语文知识积累的重要性。

3. 赞可夫的一般发展教学论

赞可夫认为，学校教育必须适应社会的发展，教学只有走在发展前面，才是最好的教学。教学必须成为发展的源泉，以尽可能好的教学效果促进学生的一般发展。一般发展既包括学生的身体发展，也包括学生的心理发展。学生的心理发展，主要通过观察活动、思维活动和实际操作三个方面来实现，赞可夫继承和发展了心理学家维果茨基的学说，把发展分为现有发展水平与潜在发展水平两个阶段。潜在发展水平是指那些正处于形成状态，还没有成熟，但正在走向成熟的心理机制。赞可夫主张把教学建立在发展区上，在教学过程中，教师要根据不同类型的课和不同的教学内容，采取不同的教学策略。就是在同一类型、同一节课中，教师也应该根据教学内容的变化和学生情绪的转换，随机应变地更换相应的教学策略。但教师无论采用何种教学策略，都必须着重发掘学生的潜力，尽可能地为他们提供深刻广泛的知识背景，开辟心智训练的广阔天地，最大限度地满足学生在掌握知识和一般发展方面不断增长的需要，加快学生一般发展的进程。实现以最好的教学效果，来促进学生的最大发展的教学目标。

该理论对于语文教学设计的启示有如下三个方面的内容。第一，在进行教学设计前，教师应充分了解学生对于即将学习的知识点的现有发展水平，并且据此准确估计通过教学活动学生能够达到的发展水平。第二，教师应该选择能够让学生达到"最近发展区"的相应教学策略。第三，在教授新知识时，教师应该充分挖掘学生已经掌握的知识，以此促使新旧知识之间的相互作用，帮助学生高效地构建新知识。

4. 建构主义教学理论

建构主义学习理论认为，知识不是通过教师传授得到的，而是学生在一定的情境即社会文化背景下，借助其他人（包括教师和学习伙伴），利用必要的学习资料，通过意义构建的方式获得的。由于学习是通过人与人间的协作活动实现的意义构建过程，因此建构主义学习理论认为情境、协作、会话和意义构建是实现知识构建的四大要素。学生以自己的方式构建对于事物的理解，并且通过学生的合作，使其对知识的理解更加丰富全面。学生获得知识的多少，取决于学生根据自身的经验去构建有关知识的能力。

建构主义学习理论提倡在教师指导下的以学生为中心的学习，也就是强调学生的认知主体作用，又不忽视教师的指导作用。教师是意义构建的帮助者和促进者，而不是知识的传授者和灌输者。学生是信息加工的主体，是意义的主动构建者，而不是外部刺激的被动接受者和被动灌输对象。学生要成为意义的主动构建者，就要求学生在学习过程中从以下三个方面发挥主体作用。第一，要求学生运用探索法和发现法去构建知识的意义。

第二，在构建意义的过程中，要求学生主动搜集并分析有关信息和资料，对所学习的问题要提出各种假设，并努力加以验证。第三，要把当前学习内容反映的事物尽量和自己已经知道的事物相联系，并对这种联系加以认真的思考。联系与思考是意义构建的关键，如果能把联系与思考的过程与合作学习中的交流、讨论的过程结合起来，则学生构建意义的效率和质量会更好。

教师要成为学生建构意义的帮助者，就要在教学过程中从以下三个方面发挥指导作用。第一，教师激发学生的学习兴趣，帮助学生形成学习动机。第二，教师通过创设符合教学内容要求的情景和提示新旧知识之间联系的线索，帮助学生建构当前所学知识的意义。创设学生学习活动的情境，包括学习活动的组织、学生心态分析、课堂文化建设、心理氛围营造以及关注个人幸福等内容。第三，教师在可能的条件下，组织学生进行自主合作学习，并对合作学习的过程进行引导，使之朝着有利于意义构建的方向发展。总之，教学不能无视学生已有的知识经验，简单地从外部对学生实施"填与灌"，而是引导学生从原有的知识经验生长新的知识经验。教学不是传递知识，而是处理和转换知识。教师不只是知识的呈现者和知识权威的象征，更应该重视学生自身对知识的理解，了解他们的看法和这些看法的由来，并引导学生丰富自己的知识，使学生不断发展和进步。

建构主义学习理论为语文教学提供了坚实的理论依据。教师应在一定的教学理论的指导之下，了解我国语文教学现状，以及本地区语文自主学习的开展情况，依据学生的知识技能及探究水平和可利用的教学资源等，制订更有效的实施原则和教学设计方案，充分尊重学生主体地位的重要性，鼓励学生自主探究语文知识，实现语文知识的自主建构。建构主义学习理论对于语文教学设计的启示包括以下四个方面。第一，采取自上而下的方式设计语文教学进程，设计整体性的学习任务，重视培养学生的创造力，调动学生的学习主动性，教学设计应该以学生为中心。第二，在教学情境的创造上，教师应该根据教学内容和学生的认知规律，创设能引导学生主动建构语文知识的情境。第三，在教学方式的选择上，教师要重视合作学习与交互式教学模式的运用。第四，教师要设计多样化的语文教学评价方法，以此不断改进语文教学方法，提高语文教学效率。

5. 当代教育心理学理论

教育心理学认为，教师在教育过程中起主导作用，学生是认识和自我发展的主体。小学生正处于青春初期，是道德行为和道德理想形成的时期，是幼稚与成熟、冲动与控制、独立与依赖并存的时期，是决定着学生能否健康成长，能否形成正确的人生观和价值观的关键期。教育要促进学生素质的全面提高，就必须按照学生的身心发展规律来施教。

当代教育心理学的理论，主要运用的是奥苏贝尔的"学与教"理论和建构主义的"学与教"理论。美国著名教育心理学家奥苏贝尔认为,要想实现有意义学习,可以有两种不同的途径或方式,即接受学习和发现学习。前者主要是依靠教师发挥主导作用,并通过"传递—接受"教学方式来实现;后者则主要是依靠学生发挥认知主体作用,并通过"自主发现"学习方式来实现。他据此提出了"先行组织者"教学策略,他还认为,情感因素对学习的影响主要是通过动机起作用。

在众多的动机理论中,马斯洛的需要层次说有广泛的影响。马斯洛认为,人有七种基本需要,分别为生理的需要、安全的需要、归属与爱的需要、尊重的需要、求知与理解的需要、审美的需要和自我实现的需要,这些需要是从低级到高级按层次排列的。他将前四种需要定义为缺失性需要,这是我们生存所必需的,它们对生理和心理的健康是很重要的,必须得到一定程度的满足。但一旦得到满足,由此产生的动机就会消失。后三种需要是生长需要,它虽不是我们生存所必需的,但对于我们适应社会来说,却有很重要的积极意义,它们很少得到完全的满足。也就是说,缺失需要使我们得以生存,生长需要使我们能够更好地生活。较低级的需要,至少必须部分满足之后才能出现对较高级需要的追求,马斯洛的需要层次论,在教学上极具意义。根据这一理论,在制定教学策略时要注意以下两点。

第一,在教学过程中,教师不仅要注意教学的物理环境方面的安全,还要帮助学生克服学习中产生的恐惧、过度焦虑和急躁不安的心理,注意教学的社会心理环境。学生之间的友谊、忠诚、关心、接纳和隶属感都是属于社会性的需要,教师要为满足学生这类需要,引导建立一个和谐、团结、温暖和亲密的班集体。另外,教师必须使学生获得尊重,体会到自己在班级里的重要性。学生的荣誉、成就、信心、自由和独立自主等,都是教师要特别注意的自尊的需要。教师必须使学生感到有才干和潜力,并且取得了一定的成就。每个人的自我实现方式不同,如有的学生爱寻求挑战,有的学生追求学业上的成就,有的学生则寻求尽一己之力去服务社会,因此教师必须以个别方式满足学生的需要。

第二,针对学生的心理需要,激发他们高层次的学习动机。一般来说,动机源于需要。需要的层次越高,个性活动的自觉性和积极性也就越高。传统的应试教育存在着严重的弊端,教师引导学生追求的往往是分数。这样做,学生需要的层次是低的,即可能是躲避教师和家长指责的安全需要,可能是追求教师进行一次全班表扬的尊重需要,甚至可能是需要家长物质奖励的生理需要。而要使学生产生强有力的学习动机,就必须激发他们较高层次的社会性需要,如交往性需要、认知需要、审美需要和取得成就的需要。

6. 语文课程与教学论

根据语文课程的性质,新课程要求全面提高学生的语文素养,坚持三个维度的统一,强调在教学过程中知识和能力、过程和方法、情感态度价值观相互渗透,融为一体。同时,提倡自主、合作、探究的学习方式,激发学生学习的积极性和主动性。另外,还要建立开放而有活力的语文课程。

提高语文课堂的教学效率,要遵循教育的规律和语文学科自身的特点。第一,教学原则是根据教学目的和教学过程的规律概括出来的,是教学规律的体现。只有在教学规律的指导下,才有选用各种教学方法的自由,才能找到经济有效的教学手段和方式。第二,在选用教学方法时,必须考虑每堂课以及某一环节具体的教学、教育及学生发展的具体目标,寻找最好的方法,促使教学取得最大成效。第三,教学内容决定教学方法,要依据教学的不同内容,选用不同的教学方法。第四,依据学生学习的可能性,教学方法的选择和运用必须依据学生的心理和生理特点,合理地寻求组织、刺激及检查学生学习的方法。第五,每个教师都有自己不同的经验、理论修养和实际能力,有自己的特点和专长,也有自己的短处和不足。在教学中,在充分考虑上述各项要求的基础上选用最适合自己的教学方法。

根据新课程及小学语文教学大纲要求,小学语文课要体现工具性与人文性的统一。针对小学生的特点,教师要重视语文课程的工具性,提高学生基本的语文素养,即识字、写字能力、阅读能力、写作能力、口语交际能力、应用能力、审美能力和探究能力。尽管前四种能力是小学阶段的主要任务,是不容忽视的。在后三种能力中,先重视的应是审美能力,这一"审美性目标"是目前小学生特别缺少的。语文课程的人文性内涵,也正体现于此。对小学生来说,语文教学首先要启心智而不是传知识,非智力因素要比智力因素更重要,要以提高学生的人生境界、道德修养和审美情趣为目标,才能"治本"。因此,陶冶性情,涵养心灵,从而感受形象,品味语言,领悟作品的丰富内涵,体会其艺术表现力,形成自己的情感体验和思考,是语文教学的最终目标。

新课程重视学习过程与方法,倡导自主、合作、探究的学习方式。新课程目标突出以人的发展为本,以培养能力为中心,培养人的创新精神和实践能力为重点,使学生学会求知、学会做事、学会合作和学会做人,成为适应现代社会发展的创新型人才。

二、现实依据

(一)小学语文新课程标准

《语文课程标准》是国家颁布的指导和规范语文学科教学的纲领性文献,具有法规性和强制性,代表着一个国家在某一个时期对语文教育的要求与规定。

《语文课程标准》集中体现了特定时期人们的语文观。具体地说,《语文课程标准》对语文学科教学的目标、内容和要求等都做出了具体、明确的规定，它是进行语文教学设计的重要依据。教学不是忠实地传递事先规定的课程的过程，而是课程不断开发和发展的过程。这就要求语文教学设计要有一定的灵活性和弹性，注意教学过程的发展性。教学过程是学生、教师、教材编者和文本之间的多重对话，是思想碰撞和心灵交流的动态过程。在教学中，教师应积极倡导自主、合作、探究的学习方式。通过采用恰当的教学方法，全面提高学生的语文素养。这就要求教师在进行教学设计时，应关注学生的兴趣、爱好和个体差异，不管是确定教学内容、选择教学方法，还是设计评价方式，都要有助于培养学生的语文学习能力，提高学生的语文水平。

（二）知识类型

现代认知心理学将知识分为陈述性知识、程序性知识和策略性知识三类，不同类型的知识应该运用不同的教学策略。

1. 陈述性知识

它具有静态的性质，主要用来回答事物"是什么""为什么"和"怎么样"的问题。陈述性知识的教学策略主要包括：激发学生的学习动机，利用学习目标的激励作用，引发学生的认知冲突；利用学习动机迁移原理，促进学生对知识的理解，激活原有的知识；引导学生对知识进行深加工，在改组、扩充和更新知识时加强理解。

2. 程序性知识

它具有动态性质，主要用来解决"做什么"和"怎么做"的问题。程序性知识对技能的形成具有定向作用，能直接指导技能的训练和促进技能的形成。程序性知识的教学策略主要包括：分析学习任务，找出必备技能，加强理解；示范和讲解相结合，降低示范速度，防止信息负担过重；进行有效的练习，选择合适的练习方法，精选练习内容，及时反馈，坚持身体练习和心理练习相结合的原则。

3. 策略性知识

策略性知识即学生用以支配自己的心智加工过程的程序性知识，是指如何学习、记忆或解决问题的一般方法。策略性知识的教学策略主要包括：专门教学与渗透教学相结合，单独开设策略课与在学科知识的教学过程中直接传授学习策略相结合；选择合适的教学内容，选择的内容要适合学生的知识水平、发展水平；进行具体的训练，制定一套外显、可操作的训练程序，训练不宜密集进行，并给学生提供反馈信息，引导学生评价策略的有效性，鼓励学生在不同的情境中运用策略；进行监控策略训练，保证新学策略的运用，引导学生生成适合自己的语文学习策略。

(三)学生学情

教学设计的基本特征之一是它既关心"教",又关心"学"。教是为了学,学是教的依据和出发点。教师的教必须通过学生积极主动的学,才能发挥有效作用。在建构主义理论看来,我们是以自己的经验为基础来实现建构知识的。在学生建构自己知识的过程中,现有的知识经验具有重要作用。因此,在进行教学设计前,先了解和分析学生对将要学习的知识的准备情况及态度是很有必要的。进行学情分析的主要途径有三点。第一,观察了解,通过课堂教学、考试测验、作业批改和课外学习活动指导等,了解学生的学习水平、学习方法和学习态度。第二,收集信息。通过与学生交谈、问卷调查和听取其他教师意见等,了解学生的学习情况。第三,多接触学生,听取他们的意见和建议,以便了解到一些有价值的信息。

(四)教师的情况

教师作为教学实施的组织者和学生学习的引领者,在教学设计时,必须对自身有较为客观的了解,教师对自己的了解,主要包括知识结构、思维优势、教学风格、师生关系等内容,这些都是确保教学设计方案得到有效实施的条件。特别要注意以下两点:第一,教学效能感。教师的教学效能感过强或过弱,都不利于教学活动的顺利进行和教学目标的达成。因此,在教学设计时,要调整好自己的心态,对自身的教学条件和即将开展的教学活动进行客观的分析。第二,教师对语文学科及其相关内容的感悟。在某种程度上,语文教师就是学生学习语文的榜样,特别是教师自身对语文学科的热爱,对学生的语文学习具有强大的感召力,这也是教师有效开展教学的基础。

第二节 小学语文教学设计的原则

一、主体性原则

主体性原则,就是教师在设计编写教案时,必须把学生作为真正的教育教学主体,把学生主动、健康和全面的发展,作为语文教学的出发点和终极归宿。语文教学过程中的一切措施和方法,以及为语文教学服务的一切环境和条件,都要以学生的个性充分发挥和全面发展为核心,进行设计。坚持主体性原则,关键在于教师的教学理念的改变。要转变传统的权威式教学观念,教师首先要讲求民主,变教师的讲堂为学生的学堂与教师的讲堂相结合的有效课堂,体现学生的学习主体地位和教师的教学主导地位。教师要由片面的知识传授转变为既有知识的传授又有能力培养相结合的有效课堂,体现新课标的要求,实现素质教育的目的。通过科学的教学设计,有助于变学生的学习负担为学习的乐趣,让学生从沉重的学习和课业负担中解放出来,培养学生的语文学习兴趣。在小学语文教学设计过程中,教师要充分考虑学生的主体性作用,发挥学生的主观能动性。

《基础教育课程改革纲要(试行)》中明确提出:"教师在教学过程中应与学生积极互动、共同发展,要处理好传授知识与培养能力的关系,注重培养学生的独立性和自主性,引导学生质疑、调查、探究,在实践中学习,促使学生在教师指导下主动地、富有个性地学习。"目前,学生主体、教师主导和发展主线的主体性教育思想,已被许多教育工作者接受。因而,小学语文教学设计必须遵循学生的主体性原则,充分考虑学生的主体性作用,为了促进学生的全面发展,科学设计语文教学活动,从而建构多维互动的教学模式。

在小学语文教学设计过程中,教师要考虑到学生主体的个体差异,因材施教。《基础教育课程改革纲要(试行)》指出:"在教学过程中,教师应尊重学生的人格,关注学生的个体差异,满足不同学生的学习需要,创设能引导学生主动参与的教育环境,激发学生的学习积极性,培养学生掌握知识的态度和能力,使每个学生都能得到充分的发展。"《小学语文新课程标准》提出:"要尊重和保护学生学习的自主性和积极性,鼓励学生运用多种方法,从不同的角度,进行多样化的探究。"因此,在语文教学设计中,教师要全面了解学生,承认并关注学生的个体差异,发现每个学生的独特性,这是基本前提。

正是由于学生在思维能力、接受能力等方面存在个体差异性,决定了语文教学不能采取"一刀切""齐步走"的方法。在小学语文教学中,教师要从学生实际出发,承认学生中存在的差异,因材施教,发挥每个学生的强势,帮助学生树立自信,使每一位学生的创造力都得到充分的发展。例如,在开展综合实践活动课时,教师应根据学生的个体差异性,设计丰富的教学方法。对于程度差的学生,教师要给予引导、帮扶和点拨,必要时还要给予示范和释疑。教学设计主要是由教师进行,而每个教师又有自己的教学风格和特色,所以在教学设计上就会有明显的差异性。另外,由于教学面对的是不同的学生,他们无论在智力还是能力方面都不相同,对于同一内容的理解,也会不相同。因此,在教学设计时,要照顾到学生的特点,遵循差异性原则,以学定教,不能整齐划一,应该处理好预设与生成的关系。

学生的语文学习过程,必须是在教师的指导下进行的。教师作为教学活动的组织者,要充分发挥对学生的指导作用。教师不是简单地把知识传授给学生,而是要把建构知识的主动权传授给学生。正所谓"授之以鱼,不如授之以渔",教师在语文教学过程中,不仅要传授给学生语文知识，而且要教会学生方法，培养学生正确的态度和学习习惯，使学生在智力、情感、意志和性格等方面得到全面健康的发展。所谓的教为主导，并不是简单地以教师为中心，它必须是以确认学生的主体地位为前提的主导。学为主体也并不是单一以学生为中心的，它必须是以充分发挥教师的主导作用为前提。教为主导和学为主体两者之间是辩证统一的，有效的教学，必须正确地处理好两者之间的关系。

在小学语文教学中，教师既要传授给学生基本知识，又要全方位地培养学生的能力，使学生不断提高语文听、说、读、写的能力。教师只有真正地把学生当成课堂的学习主体，才能够使学生真正地由"我学会了"转变到"我会学了"，从而实现"导"与"学"的最佳结合，达到教学互补、教学相长的目的。在进行小学语文教学设计时，教师要把学生的主体地位体现出来，注重学生的教学主体地位，把学生作为真正的教学主体，把学生的全面发展作为小学语文教学的出发点和最终归宿。

二、指导性原则

语文教学设计是在一定的思想指导下，遵循一定的规律进行的。它应该是可操作、有具体操作步骤的。在实际教学中，能够指导教学实践，保证语文课堂教学正常有序地进行。随着素质教育的实施，"以学生为主体，以教师为主导"的教学理念逐渐深入人心，教师和学生在教学中的地位发生了根本性的变化，还原了学生的主体地位。学生是学习的主人，教师是学生学习的组织者、引导者和指导者。在小学语文教学设计中，教师应引起对学生学习方法指导的重视。

学习方法的指导，是学生自主学习能力培养的核心因素。所谓"磨刀不误砍柴工"，方法技巧的掌握，使得学生的语文学习事半功倍。有关学习方法的知识，是学生知识体系中的重要组成部分，也是学生能力结构中的重要组成部分。学习方法的指导，是教师教学内容和教学任务的重要部分。重视学习方法的指导，是教师教会学生学习和学生学会学习的前提和保证。第多斯惠曾深刻地指出："一个坏的教师奉送真理，一个好的教师则教人发现真理。"因此，在小学语文教学设计中，学习方法的指导思想要贯穿始终。在教学设计中，应包括必要的学习目标的设计、重难点的提示和学习方法的总结归纳等，形成一条清晰的学习思路，一条明晰的学法线路。随着学生知识体系的建构，学习方法的知识体系也会逐步构建起来，并形成一个科学完整的体系。一旦这样科学完整的学习方法体系建构起来，学生也就掌握了学习的基本规律，领会了学习的门道，为学生发挥自己的聪明才智提供和创造了必要的条件。

三、层次性原则

在小学语文教学设计中,教师设计问题的难度、提出方式、情景及媒体设计等,必须适应学生的心智发展水平。学生心智发展的现有水平,是进行语文教学的客观基础,离开了这个基础或超越了这个发展水平,教学活动必然是盲目、徒劳无功的。心智发展水平包含两方面的内容。一是学生的身心发展水平,特别是心理发展水平;二是学生现有的知识、经验和技能,特别是系统的科学知识已经达到的水平。

人类的心智发展具有顺序性、阶段性和连续性等特征,正确认识这些特征十分重要。因为语文教学在每一阶段实施的任务和方法,都应该与这些阶段学生的心智发展水平相适应。学生心智发展的顺序性告诉我们,教学要循序渐进,要根据学生心智发展的不同水平,创设相应难度的问题。学生心智发展的阶段性告诉我们,在问题的难度和采用的教学方法上,必须区分学生不同发展阶段的心智水平的不同层次。心智发展的连续性则是"最近发展区"理论的客观基础,它向我们揭示了教学内容适应"最近发展区"的重要性。那些低于学生原有心智发展水平的问题,使学生觉得过于简单,失去了探究和学习的兴趣,而高于学生原有心智发展水平的问题,不但不能促进学生语文能力的提高,而且容易使学生产生挫败感,从而降低学生学习语文的兴趣,影响其语文综合能力的发展和提高。在语文教学中,教师要向学生提供在其能力范围内的,又稍微高于学生现有心智发展水平的问题,使学生通过努力学习,不断提高水平。

坚持小学语文教学设计的层次性原则,就是要求教师在认真分析学情的基础之上,结合对教材的分析研究,在教学设计的过程中体现学案内容的层次性和梯度性,体现因材施教、分层教学的理念,不断提高语文教学质量。教师的教学设计,要力求让学生在"最近发展区"内主动学习和获取知识。教师进行语文教学设计时,应首先考虑其教材知识的层次性和学生个性的差异性,导学导练部分更应当根据学生的实际情况,以适当梯度的形式进行。梯度导学包括基础知识的导学、基本技能的导学和思维创新的导学。梯度导练包括基础知识的导练、基本技能的导练和思维创新的导练。因此,教师在认真研究学情和知识内容的基础上,要注意知识与问题设计的梯度与层次。结合小学生的基本心理特点,巧妙地设置教学情境,循序渐进地引导学生向未知领域进军,逐步解决学生的"最近发展区"的学习要求与"现有发展区"的知识水平之间的矛盾。这种矛盾不断得以解决又会不断出现,学生在这种矛盾不断解决和不断出现的循环往复的学习过程中,不断建构自己的语文知识体系,不断提高语文能力。

每个学生都是独立的个体,同时他们又是一个共同体,这就要求教师在教育教学过程中,既要重视学生的个性,又要重视学生的共性。具体表现为既注意对共性的全面培养,又注意对个性的充分发展,特别要重视对创新思维个性的培养和发展,学生的个性表现差异很大,许多优秀的品质往往被学生的个性差异的现象所遮蔽掩盖,因而许多学生的优秀品质得不到教师及时的刺激和强化,得不到教师及时的赞赏与肯定。所以教师应当在注重学生整体素质的培养的同时,充分注重培养学生良好的个性心理品质,使学生在整体素质不断提高的基础上,充分张扬学生的个性,使学生的创造个性得到充分发展。

四、创新性原则

小学语文教学设计要突出学生基本语文素养和思维能力的提升,特别是要历练学生的语言思维能力,促进学生的听、说、读、写能力的全面发展。这就要求小学语文的教学设计要坚持创新性原则,鼓励学生自主、合作、探究语文知识。通过自主、合作、探究的学习方式,唤醒学生的创新意识和能动性,为学生的终身学习和有个性的发展奠定基础。

所谓的创新性原则,在小学语文教学中,主要表现为两个方面的创新。一方面表现在教师的教,另一方面表现在学生的学。教师教方面的创新,首先为语文教学观念的创新,只有先有教师创新的教,才有学生创新的学。所以新时代的语文教师不仅是一个合格的教书匠,更应该是一名教育的改革家。教师的教,只要有变动,只要有变革,只要有教学方法的新尝试,就是对过去教学活动的思考和反思,就是对新的教学方式的向往和追求。教师的教学尝试创新是否成功并不重要,关键在于创新过程的经历。教师的教学必须有创新意识,同时也应善于营造一个有利于创新能力培养的民主、和谐的教学环境。学生学的方面的创新,主要表现为浅层次的学习方法的变革与创新,以及深层次的学生创新思维能力的训练与提高。当然,学生学的创新有待于教师教的创新的先行,以及教师教的创新的胜利成果。

坚持创新性原则,要求教师尽可能地采用多种形式的教学方法。这样不仅能较好地传授知识,还能成功教给学生学习语文知识的方法,提高学生获取知识的能力。在语文教学过程中,教师要营造一种宽松、民主、和谐的气氛和环境,给学生一定的自由度,让学生成为学习的主人,使他们能主动自由地思索、想象、发问和交流。教师为学生提供恰如其分的语文学习情境,有助于激发学生的求知欲,引发学生的学习兴趣,让学生去感悟体验知识形成的过程,引起学生创造思维的感观刺激。教师对学生的创造思维能力的培养,起着至关重要的作用,这也是教师教学的重要任务。所以教师在进行教学设计时,既要重视教师和学生的创新意识的设计,又要重视创新方法的设计。教师要善于鼓励学生,对学生的异常思维方式和突出的个性特点要善于理解和引导。只有这样,才能在小学语文教学中,不断提高学生的创新能力。

第三节　小学语文教学设计的方法

后现代主义思想认为，世界是多元的，教学不能把学生视为单纯的知识接受者，而更应看作是知识的探索者和发现者。因此，小学语文教学不仅要注重结果，更要注重过程。教学过程是教师的"教"与学生的"学"相结合和统一的活动过程，即教师指导学生进行学习并掌握一定的知识和技能，获得身心的发展，形成一定的思想品德的活动过程。教师的教和学生的学，是教学过程的主要矛盾。在教学过程中，教师发挥主导作用，学生占主体地位，构成了双边互动的矛盾关系。建构主义理论认为，真实情景中的教学活动，是一个非常复杂的生命过程，总是充满各种变动因素，不可能完全按照预先安排好的计划去进行，需要教师根据具体发生的情况进行调整。因此，教学过程必然是富有生命力、动态、变化的，具有鲜明的情境性和生成性。一方面，随着学习的进展而不断产生新的问题，不断获得新的经验；另一方面，根据周围环境条件的变化情况，不断调整学习思路和学习方法。整个学习过程是一个非线性、非预期、不断生成和演进的过程。因此，教师应根据教学活动的特点，科学地设计语文教学活动，保证语文教学的有序展开。语文教学设计的具体策略，包括以下七个方面的内容。

一、树立先进的教学理念

一线语文教师应转变和提升专业态度，加强教育教学理论知识的储备，深入理解《小学语文新课程标准》的相关理念，站在理论的高度审视自己的语文教学设计。教师应具备先进的教育思想，而且能把这种思想转化为教学行为，使他们站在理论的高度来进行语文教学设计。在科学的理论指引下，更好地进行语文教学设计，是深入实施语文新课程改革的关键所在和基本保证。确立正确、科学和面向未来的教育理念，是语文教师的职责，更是提高语文教师素质的起点。只有用新的教学理念诠释小学语文课程，语文教师才能抓住课程改革的灵魂。所以语文教师要以《小学语文新课程标准》为指导，深刻把握语文教育的实质，在教学设计中渗透先进的教学理念。

由于种种原因，广大一线语文教师教育教学理论修养普遍比较缺乏，教龄短的年轻教师进行教学设计主要依靠模仿，教龄较长的教师进行教学设计主要凭借个人经验的积累，相关教学和学习理论知识储备不足。这直接导致了在进行语文教学设计时，经验主义和拿来主义盛行，不管是否符合自己所面对的学情，不管是否符合自己的教学风格与能力，只要有现成的教学设计，一切皆是采用拿来主义。如此这般，怎么能提高课堂语文教学效率,怎么能促进学生的全面发展呢?

从现代教师论的发展来看,当今教育界的一致观点是教师也是一种专门职业,是一种必须经过持续不断、严格的专业训练获得专门知识和技术的职业。教育专家认为,突出教师职前教育与职后学习的一致性,特别强调职后学习的重要性远远超过职前教育。他们认为,大学阶段的学习并非一个教师完成教育,而是为以后的在职学习提供基础教育。作为一名现代语文教师,不仅要通晓语文专业知识,而且要掌握系统的教育理论,尤其是教学理论、学习理论和学习心理学理论,以便减少工作中的盲目性,增强自觉性,促进教学活动的有序展开。同时,教师要深刻理解《小学语文新课程标准》的相关理念,在进行教学设计前多学习新课标,依照新课标的理念与要求进行语文教学设计。只有在相关科学理论的指引下,站在理论的高度,用理论来引领实践,才能使语文教学设计有所依据,才能进行高质量的语文教学,才能更好地帮助学生发展自我和实现自我。

二、准确地分析学生学情

学生是教学的对象,是教学活动的主体,也是教学效果的体现者。不了解学生,教学目标和方法也就都会失去针对性。从这个意义上讲,充分了解学生的差异性,是好的教学设计的前提。了解学生的差异性,主要是了解学生的学习准备情况和学生的认知风格。

第一,学生的学习准备情况分析。学生的学习准备是指学生在学习新的知识前已经具有的知识储备和形成的技能水平或以前的心理发展水平,对即将进行的新学习的适应性,学生已经具备的学习状态是新的教学活动的出发点。学生的学习准备情况有两种:一种是学生的初始能力;另一种是对学生学习新知识有较大影响的心理、生理及社会特点。学生的初始能力是指学生在开始新的学习前,原来具有的关于学习内容的认识、技能和态度。对于教学过程而言,这便是教学起点。因此,制定小学语文教学目标要结合小学生的特点进行分析,了解学生在知识技能上已达到何种程度,对于本内容的学习所需要的情感态度和学习方式都有哪些准备等,使教学设计符合学生的学习准备情况。

第二,学生的认知方式差异分析。认知方式又称认知风格,是指个体在认知活动中加工和组织信息时显示出来的独特而稳定的风格,持久性与一致性是认知方式的主要特征。常见的认知方式差异类型,主要有场依存型和场独立型、沉思型和冲动型、整体型和序列型、复合型和发散型。这些认知方式,会影响学生对认知通道的选择、对学习环境的选择和对学习内容组织程度的偏好,也会影响学生对学科选择的偏好。因此,在进行教学设计前,语文教师必须根据学生的认知差异设计教学活动,努力做到因材施教,以促进学生更好地发展。

三、科学地制定教学目标

教学目标是在教学活动中,师生双方预期达到的教学效果。教学目标对教学活动具有导向、激励和评价功能。没有目标的教学,是盲目的。任何一种教学设计,都是为完成一定的教学任务而设计的。当师生明确教学目标后,学习组织形式的设计、教学策略与方法的设计等一切活动的设计,最终都指向一定的教学目标,教学目标是教学设计的归宿。

教学目标不仅是教学活动的预期结果,而且是教学活动的调节者。对优秀教师的教学经验和教学论的研究表明,合理的教学目标能够最大限度地调动学生的积极性,促进教学活动朝着预期的方向发展。依据布鲁姆的教育目标分类学和加涅的学习结果分类,在设计教学目标时,应该注意以下三个方面:第一,对象的表述。教学行为目标描述的是学生的行为,而不是教师的行为。第二,行为的表述。行为动词用以描述学生形成的可观察、可测量的具体行为。第三,条件的表述。它是影响学生产生学习结果特定的限制或范围。第四,标准的表述。它是用以测试学生学习表现或学习结果所达到的程度。

1956年,美国芝加哥大学教师布鲁姆将分类学理论运用于教学领域,他把教学目标分为认知、技能和情感三个领域。2001年,在教育部颁发的课程改革纲要中,明确提出"三维目标"的要求,即知识与技能目标、过程与方法目标和情感态度与价值观目标。建构主义理论认为,只有学生清晰地意识到自己的学习目标,并形成与获得所希望的成果相应的预期时,学习才有可能是成功的。而学习任务的设计是教学设计的重点之一,它为学生提供了明确的目标,使学生完成复杂的任务成为可能,最终达到教学目标的要求。同时,建构主义理论认为,整个学习过程的最终目标是实现对知识的意义建构。教学目标设计,要遵从以下三方面:首先,要从创设有利于学生意义建构的情境开始,整个教学设计过程紧紧围绕"意义建构"这个中心而展开。其次,要考虑学生这一主体。最后,要尊重学习主体本身内在的逻辑体系特征。

在传统的语文教学设计中,教学目标的设计往往只追求知识和技能目标,而忽略过程与方法目标、情感态度与价值观目标。在教学设计上,教师注重知识的灌输,而对学生进行自主性和探究性的学习比较忽视,课堂上缺少讨论和互动。语文教学设计,不仅包括对语文知识和技能的教学设计,同时也是一种创造性的实践活动,也有过程与方法、情感态度与价值观方面的内容。在教学活动中,需要学生自主、合作、探究语文知识。为了让学生实现对所学知识的"意义建构"这一最终目标,教学目标的设计应从知识与技能、过程与方法、情感态度与价值观这三个维度进行。在整个教学过程中,教师起组织者、指导者和帮助者的作用,教师可以通过创设教学情境等方法,充分发挥学生的主动性,实现对知识的意义建构。相比知识和技能的目标,过程与方法、情感态度与价值观目标的设计,是三维目标设计中更深层次的。在设计教学目标时,教师要统筹兼顾,不可偏废其一。

小学语文新课程更加关注学生的学习方式、学习能力以及学生情感态度和价值观等品质的发展。三维目标的确立,让我们既能相对量化地评价学生的语文知识与技能,又能用相对质性的方法关注学生的学习过程与方法、情感态度与价值观的成长与发展。教学目标起着支配和指导教学实践活动的作用,确定教学目标,是在设计教学活动中首先要考虑的问题。教学目标的设计应以"学"为中心,为学生提供了明确的学习目标,使学生有明确的学习方向。学习任务代表某种连续性的复杂问题,建构主义理论强调要解决真实环境下的任务,在解决真实任务过程中达到学习的目的。

建构主义教学设计研究者认为,在设计学习任务时,应注意以下七点:一是为学生提供的活动应该与现实世界具有相关性。二是学生面临的是一个整体的、复杂的研究任务。三是给学生提供定义任务和分解任务的机会,以便开展学习活动。四是学生有持续性的学习实践。五是给学生提供甄别信息的时间。六是学生有协作学习的机会。七是学习任务具有跨学科的领域性和整合性。一个好的教学目标应该是有挑战性、可行性和有趣的,能体现建构主义的思想,能促使学生在学习中运用高阶思维能力对信息进行深度加工。

在传统小学语文教学中,教师往往要求所有学生在同一时间内完成相同的作业或任务,忽视了学生的主体性和差异性。而语文新课程倡导为学生设计多样化、具有挑战性的学习任务,给学生布置学习目标,让学生明确学习任务。这就要求学生调动自己的所有技能,通过采用自主学习、小组合作、探究性学习和"做中学"等学习方式,努力完成学习任务。教师设计的学习任务难易度要适中。任务过于简单,对学生来说太没有挑战性,学生的成就感也会很弱;任务过难,则会使他们产生挫败感。因此,在设计学习目标时,教师要平衡学习的难度和挑战性的程度,挑战性适当,才能激发学生的兴趣,调动学生的积极性和主动性。

四、恰当地安排教学内容

在教学内容的安排方面,既要重视预设,更要重视生成,使预设和生成共同服务于学生的发展。在课前,教师要对课堂教学内容进行预设,即对教学内容的规划和安排,这是教师备课的重要组成部分。在课前,教师必须对教学内容有一个清晰、理性的思考和安排。在课堂上,师生按照课前的设计展开教学活动,保证教学活动的计划性和有效性,使学生获得预设性的发展,这是保证教学质量的基本要求。所谓生成,是指师生教学活动离开或超越了原有的思路和教案,学生获得了非预期的发展。新课程的课堂教学不应该是一个封闭系统,也不应拘泥于预先设定的固定不变的程式。在实施过程中,预设的教案需要开放地纳入直接经验和弹性灵活的成分,教学目标必须潜在和开放地接纳始料未及的体验,因此,教学内容的安排应以预设为基础,保证预期教学目标的达成。教学内容的安排还要以生成为导向,提高预设的针对性、开放性和可变性,让预设和生成共同服务于学生的发展。

另外,教学内容的重难点要突出。由于课堂教学时间有限,在设计一节课的教学内容时,不可能面面俱到,这就要求教师设计的教学内容要有所侧重。对于教学中的基本知识,教师应保证所有学生都要掌握;对于语文教学中的重难点知识,教师要详细讲解;而对于一些只需要学生简单了解的知识,教师就可以花费少量的时间和精力进行讲解。这样不仅能使教学内容重难点突出,也给学生指明了学习的重点和方向。

五、科学地设计教学策略

教学策略是教师对教学活动采用的教学程序、方法、形式和媒体等因素的总体思路、谋略或智慧。不同的教学观念,会产生不同的教学策略,因此,教学策略是在一定的教学观念的指导下,处于整个教学活动中核心地位的一个概念。教学策略有广义和狭义之分。广义的教学策略包括教的策略和学的策略;狭义的教学策略仅指教的策略。这里所讲的教学策略主要是狭义的教学策略,即"教"的策略。教学策略的设计,是促进学生完成意义建构的关键性环节。教学策略的设计,要以学生为中心,要求学生由知识的被动接受者转变为知识的主动建构者,要求教师由知识的传递者和灌输者转变为学生主动建构意义的帮助者、促进者和引导者。教学策略的设计应体现以"学"为中心的特点,其着眼点是如何帮助学生"学"。设计者应根据不同的学习内容以及教学中遇到的不同情况,对教学策略做出不同的设计和选择。教学策略的设计,应有助于发挥学生的主动性,要能体现出学生的首创精神,让学生有多种机会在不同的情境下去应用他们所学的知识,让学生能根据自身行动的反馈信息,来形成解决实际问题的方案。在教学策略的设计中,比较常用、有影响的教学策略主要有支架式教学策略、抛锚式教学策略和随机进入教学策略等。这些策略是学生充分发挥主动性,体现学生主体地位的重要保证,是学生自主建构语文知识的基础。

(一)支架式教学策略的设计

支架式教学策略,来源于苏联教育学家维果茨基的"最近发展区"理论。维果茨基认为,学生有两种发展水平,即实际发展水平和潜在发展水平。实际发展水平,是指个人当前的智力水平和解决当前具体事务的能力；潜在发展水平，即个人在教师或更优秀的学生的帮助下，能够达到的能力水平或取得的成就，学生的实际发展水平和潜在发展水平之间的区域就是"最近发展区"，而学生实际发展水平与潜在发展水平之间的状态是由教学决定的。支架式教学策略，正是从维果茨基的思想出发，借用建筑行业中使用的"脚手架"作为上述概念的形象化比喻。当学生在学习过程中遇到困难时，教师及时给予学生一定的帮助和支持，为学生提供"支架"，让学生像沿着"脚手架"那样一步步向上攀登。在教学策略的设计中，教师要向学生提供一些与教学内容相关的学习资料，鼓励学生自主学习和构建知识。在学生遇到难点时，教师帮助学生答疑，解决学生的困难，学生根据新的问题，独立寻找学习资料。维果茨基的"最近发展区"，意味着学生的发展可能性和潜力。实践证明，学生的潜力无限。当学生遇到困难时，只要教师给予适当的支持和引导，学生的潜力往往会出乎我们的预料。

（二）抛锚式教学策略的设计

抛锚式教学策略使学生在一个完整、真实的问题背景中学习，并通过镶嵌式教学以及学生间的合作学习，亲身体验从识别目标到提出并达到目标的全过程。抛锚式教学，遵循两条重要的设计原则。第一，学习与教学活动应围绕某一"锚"来设计，抛锚式教学提倡以真实事例或问题为基础；第二，教学设计应允许学生对教学内容进行探索，使学生在真实的问题情境中探究知识。教师首先要向学生布置任务，即"抛锚"，让学生明确目标、任务和必须遵循的规则，然后引导学生主动探究，高效地完成学习任务。抛锚式教学对教师提出的最大挑战之一就是角色的转换，即教师应该从信息提供者转变为学生学习的引导者。同时，教师自己也应该是一个学生，与学生共同完成教学任务。

（三）随机进入教学策略的设计

随机进入教学策略，是指学生可以随意通过不同途径、不同方式进入同样教学内容的学习，从而获得对同一事务或同一问题的多方面的认识与理解。学生通过多次"进入"同一教学内容，就会对该知识内容有比较全面而深入的了解。这里的每次进入，都有不同的学习目的，都有不同的问题侧重点。因此，多次进入的结果，不仅仅是对同一知识内容的简单重复和巩固，而是使学生获得对生物全貌的理解与认识上的飞跃。首先，让学生以自主学习的方式搜集资料，展开研究，最后交流展示，使学生对教学内容有一个初步的认识和了解。其次，为了促进学生对教学内容的进一步了解，教师可以组织学生分小组进行讨论。再次，教师对学生进行适时的指导，加强师生间的沟通和交流。通过反复的研究和讨论，集思广益，加深学生对知识的理解。

六、合理地设计学习方法

学习方法是学生为达成学习目标和任务而采用的方法。转变学生的学习方式，是我国当前语文新课程改革的焦点。《基础教育课程改革纲要》中指出："要改变课程实施过于强调接受学习、死记硬背、机械训练的现状，大力提倡学生主动参与、乐于探究、勤于交流，全面提高学生的语文听、说、读、写能力以及与他人交流与合作的能力。"《小学语文新课程标准》倡导新的学习方式，如自主学习、合作学习等学习方式。建构主义理论强调，以学生为中心，学生是知识意义的主动建构者，学习是学生通过自主活动主动建构知识意义的过程，突出了学生在认知过程中的主观能动性，强调学生之间的"协作"与"会话"。这与当前我国新课改倡导的自主学习、合作学习等学习方式，有着异曲同工之妙。建构主义理论认为，学习的目的不仅仅是让学生懂得某些知识，而是能真正运用所学知识去解决现实世界中的问题。学生要想完成对所学知识的意义建构，最好的办法就是让学生到现实世界的真实环境中去感受和体验，通过直接经验去学习，而不是仅仅聆听别人关于这种经验的介绍和讲解，这与美国教育家杜威的"做中学"的思想一脉相承。因此，自主学习、合作学习和"做中学"等学习方法，是语文教学方法的有益实践。

（一）自主学习的设计

建构主义学派认为，自主学习实际上是学生根据自己的学习能力、学习任务的要求，积极主动地调整自己的学习策略的过程。自主学习要求个体对为什么学习、能否学习、学习什么和如何学习等问题有自觉的意识和反应。教师首先给学生布置学习任务，即"抛锚"，然后鼓励学生以自主学习的方式，凭借自己的主动学习和生成学习，完成各项学习任务。学生学习过程中遇到新的问题，要主动地通过互联网或书籍查阅相关资料，从而学会自己解决问题。遇到疑难问题时，可以请教教师。在每次讲课前，学生需要自主收集相关的学习资料，有时还要做相关的调查研究，为课堂自主学习做好准备。自主学习以学生发展为本，注重培养学生自主学习能力和语文素养。

（二）合作学习的设计

合作学习是针对教学条件下学习的组织形式而言的，与合作学习相对的是个体学习。合作学习，是指学生在小组或团队中为了完成共同的任务，有明确的责任分工的互助性学习。教师应根据教学内容为学生设计多项合作性的任务，激发学生合作学习的兴趣。科学的合作学习组织形式的设计，增加了学生共同参与以及会话交流的机会，给学生创造了一个合作学习的环境，鼓励学生以合作学习的方式共同完成各项学习任务，符合语文新课程标准的精神，有助于学生深入理解语文知识，培养学生的沟通能力和团队协作能力。

（三）"做中学"的设计

杜威强调尝试用人的各种感官参与学习,提出"从做事中理解意义",改变"身心分离"的机械的学习方法,杜威"做中学"的思想在建构主义教学中也有深刻的体现。在语文教学方法的设计中,教师可以引导学生通过"做中学"的方式,获取直接经验,体验新课程的理念和方法。教师在进行教学设计时,要根据学生的年龄特点,设计生动有趣的教学策略,要写出具体启发引导的做法,收集相关教学资料,做出 PPT 等。在"做中学"教学策略的设计中,教师要让学生明确自己的目标、任务和必须遵循的规则,让学生体验新课程倡导的先进的学习方法,改变传统被动的学习方式,充分调动学生学习的积极性和主动性。教学设计是需要不断完善的,教师应认真学习新课标理念,学习先进的教学设计方法,不断在教学实践中总结经验,使教学设计更好地服务于教学活动。

七、科学地设计教学评价

教学评价是指以教学目标为依据,制定科学的标准,运用一切有效的技术手段,对教学活动的过程及其结果进行测定和衡量,并给以价值判断。教学评价是教学活动中不可缺少的一个基本环节,对教学活动起着调节和控制的作用,有助于确保教学活动向着预定的教学目标前进并最终达到该目标。因此,教学评价是保证教学质量的一项重要措施,是改进教师教学的重要环节。设计科学、可操作性的教学评价机制,有助于对教学活动进行调控,是提高教学质量的必由之路,也是教学设计中亟待解决的问题。

教学评价是以一定的方法和途径,对教学计划、教学目标和教学活动过程和结果做出判断的过程。教学评价按评价功能可分为诊断性评价、形成性评价和总结性评价;按评价基准可分为相对性评价、绝对性评价和个体差异评价;按性质可分为量化评价和质性评价。所谓量化评价,就是力图把复杂的教学现象简化为数量,对机械化的数据进行分析和比较,推断某一价值对象的成效,是一种定量化的评价方式,而质性评价强调过程的评判而非学习的最终结果。

在传统的小学语文教学评价中,教师是评价的主体,强调、甄别与选拔。这种单一的评价方式,限制了学生多方面的发展。而小学语文新课程的教学评价,关注学生的全面发展,评价内容不仅关注学生的知识和技能的获得情况,更关注学生学习的过程与方法,以及相应的情感态度和价值观等方面的发展。教学评价改革的发展趋势,是以质性评价为主,评价的功能由注重结果向过程和结果并重转变,既重视学生在评价中的个性化反应方式,又倡导让学生在评价中学会合作,强调评价问题的真实性和情境性,不仅重视学生解决问题的结论,而且重视得出结论的过程。教师要运用多种评价方式,重视过程性评价,重视学生的情感体验与发展,实现评价主体的多元化。

小学语文新课程中的教学评价,具有以下三个方面的特征:首先,诊断性和反思性是评价的重要组成部分。这就意味着学生必须从事自我监控、自我测试和自我检查等活动,以诊断和判断他们在学习中所追求的是不是自己设置的目标。其次,注重评价主体的多元化和评价方式的多样化。传统的小学语文教学评价以教师的结果性评价为主,评价主体和形式较为单一。《小学语文新课程标准》充分尊重学生的主体地位,遵循学生的认知规律和特点,倡导评价主体和形式多元化。最后,结果性评价和过程性评价并重。所谓过程性评价,是在某项教学活动的过程中,为使活动效果更好而进行的评价,它能及时反映阶段教学的结果和学生学习的进展情况、存在问题等,以便及时反馈、调整、改进教学工作。可见,语文新课程的教学评价观,提倡以学为中心的理念,更加关注学生的发展。小学语文教学评价设计的方法,具体包括以下三个方面的内容。

(一)教学评价内容的设计

教学评价主要是对学生学习过程的判断,而不仅仅是教学结果。对学生学习情况的评价,不应该独立或分离于课堂常规活动之外,而应将评价与常规活动直接联系起来。语文新课程的教学评价,在评价内容上一改过去的以传统的测验作为对学生进行评价的唯一标准,而是将传统的测验与语文教学过程中学生的表现,以及学生的作业情况相结合,进行综合评价,既有量化评价,又有质性评价。在评价标准中,教师为学生设计了多样化的评价内容。评价内容和标准的设计,一方面,对学生的学习起到一定的制约作用,让学生感到压力和挑战性。另一方面,让学生体验到了一种成功感,激发了学生的自信心和兴趣。

(二)教学评价主体的设计

传统的语文教学评价主体以教师为主,缺少学生的自我评价和对他人的评价。而语文新课程倡导开放的学习过程,遵循评价主体的多元化原则,评价主体由以教师评价为主,转变为教师评价、学生自评和学生互评相结合的形式。

《小学语文新课程标准》要求改变学生被动接受的学习方式,充分发挥学生的积极性和主动性,使学生学会学习。而自我评价是学生学会学习的重要标志,学生通过自我评价进行自我反思、自我分析、自我判断,学会自己发现问题,提高自主学习的能力。每堂课结束后,教师要引导学生对自己的表现进行认真反思和总结,谈谈自己对学习语文新知识的认识和体会,对自己的学习任务的完成情况进行自我评价。

教师可以让学生形成教学评价小组，各小组成员进行教学互评。每位评价小组成员需要填写评价组评议书，对每个学生的表现进行打分，还要写出书面评语，包括对课堂学习的整体表现进行综合评价，写出学生在获取新知识过程中取得的进步和不足。评价小组成员还可以针对本课内容进行提问，以检测学生的学习效果。各小组成员之间互评完毕后，由评价组组长汇总出组员的学习情况，并交给教师。通过学生间的互评，使学生能真正参与到评价中，成为评价的主体。学生之间通过协作会话，相互评价，既促进了小组的合作学习，也能使每个学生看到他人的优势，反思自己的不足。

在进行教学评价时，教师的评价必不可少。教师应根据学生的表现，指出其优点与不足，同时补充遗漏的知识点。教师对学生出色的表现，应进行及时反馈与表扬，为学生提供了学习的内部动机。而对不太理想的表现，也要给予及时反馈，让学生明白哪些地方需要进一步改进，不断提高教学效率。多元化的评价主体，使教师评价和学生评价有效结合起来，让学生真正参与到评价中来，使学生学会反思、学会分析、学会判断，不断提高语文效率。

（三）教学评价方法的设计

传统意义上的评价活动一般是在学习结束后进行，采用的是一种结果性评价，忽视了学生的学习过程，忽视了学生成绩背后的动机取向和努力程度。而过程性评价主张评价过程与教学过程的交叉和融合，将评价"嵌入"教学过程中。过程性评价关注学生的学习过程，倡导一种"质性"的方法。过程性评价是通过学生完成特定任务的外部行为表现来评价学生，主要通过行动、展示和写作等更真实的表现，来评价学生的小学语文能力。在语文教学中，我们所期望的不是学生能够取得较高的书面成绩，而是切实提高学生的能力。在过程性评价机制下，学生能比较直接地展现他们已经掌握的知识。过程性评价机制的设计，保证了教学活动健康、有效地运行。

过程性评价要求教师为每个学生建立一个"学习档案袋"。学习档案袋是主要存放反映学生学习过程和学习进步的各类学习成果。这些学习记录，按照一定的顺序形成文档，能反映学生的学习质量和进步程度。"学习档案袋"制作的进程，涵盖了一项任务从起始阶段到完成阶段的整个跨度，能记录和展示学生学习成长的过程，能展示学生的进步和成绩，为教师给学生提供帮助建议或指导提供了参照。档案袋评价通过对学生进行过程性的评价，揭示出学生成长的轨迹和进步的方式，使学生学会对自己的学习进行自我管理、自我反思、自我分析和自我判断，克服了传统的静态评价带来的弊端。"学习档案袋"是很重要的一部分，它是过程性评价的典型方式之一，不是简单地评价学生的学习结果，而是关注学生持续的学习过程及学习进步的评价方法。过程性评价关注学生在整个学习过程中遇到了什么问题或困难，需要什么样的帮助，以成功地完成学习任务，有效地帮助学生获取新知识，《小学语文新课程标准》倡导教学评价更加关注学生的学习过程，对学生的学习起到了监督作用，体现了建构主义倡导的质性评价，构建以学为中心的多元评价机制，保证了语文教学的质量，有助于实现有效教学。

第五章 小学语文课程教学设计与核心素养

第一节 语文核心素养简介

一、语文核心素养的含义

（一）学科基本素养

学科基本素养是一种基本素质，任何一个学生都应该拥有这种素质，以便于掌握他所学习的某一学科。学科素养指的是学生运用知识的能力，其中也包括知识本身，同时还包括学生通过对学科的学习和训练掌握的知识内容，以及学科学习过程中产生的独特思维。学科基本素养将这一切转变为学生自身的技能和品质。

1. 学科基础知识

学科的不同，也就代表着它们的表现形式也不同。不同的学科，通过不同的方式进行呈现，其中的概念、术语和范畴都存在着很大的不同，这些表现形式也正是学习一门学科应该有的基础理论知识。学科基础知识的主要构成有四个部分，分别是概念、事实、范畴和结构。学习一门学科，如果没有一定的基础，会变得很困难。学科基础知识也正是这个至关重要的一点，它所涉及的知识属于比较浅显的陈述性知识，主要是对概念的一种表述。这些知识是在现象中抽取出来的，并不是单纯的一些现象。学科的基本素养就是学科基本素质，因此在学科学习之前，应该做到掌握扎实的学科基础知识。死记硬背并不能解决问题，需要的是对知识的理解。理解了，自然也就记住了；不能理解，就算记下来，也起不了作用。概念是从现象中提取概括出来的，那么理解记忆就要求我们将这些概念进行反向的翻译，将概念呈现出来的情景再次展现出来。这一系列过程，都是学科基础知识，也就是学习一切学科的认知基础。

2. 学科独立思维

学科的不同，代表着它们拥有不同的学科逻辑结构。学科基本结构的概念，是在任何一个学科领域中，现代科学知识体系的基本概念和学科基本原理之间的关系，这也就表示根据学科的不同思维方式，对这一门学科进行学习时的学习方法也会不同。不同的学科，要用不同的思维去对待。学科独特的思维品质，是学习这一学科的路径，它保证了学生在学科学习过程中的效率。因此，在学科教学过程中，教师采用多种途径来训练学科的独立思维，尽量增强学生的学科独立思维，是非常必要的。

3. 学科基础技能

学科的不同，也就代表着它们有不同的学科基础技能。学科基础技能不同，也就说明每门学科都有着各自的特点。它们的知识结构不同，导致采用不同的学习方式进行学习。逻辑结构的不同，就要求采用不同的学习步骤进行学习。学科基础技能方面的知识属于程序性知识。既然是程序性知识，也就说明在学科学习过程中，要遵循特定的步骤来进行，以产生式来表征。在对某一学科进行学习时，训练和体验是必不可少的。学生参与学科的探究，能够更好地帮助其学好这一学科。除了直接的学科探究学习以外，间接的理性反思，也是一种极为重要的手段。通过这种方式的运用，能间接地获得学科经历与体验，提升学科学习的效率。不管直接参与到学科探究之中还是间接习得经验，都是学习一门学科的有效手段。因此，学生在对一门学科进行学习时，教师应该引导学生自己去发觉学习这一学科的具体方法和手段，以此找到更加适合自己的学习方式，提高学习效率。总体来说，学科基本技能就是通过学生在直接或间接的学习中获得的程序性知识，并且恰当地运用这些程序性知识来帮助学生掌握最有效的学科学习能力。

4. 学科基本素质

学科的不同，也就代表着它们拥有不同的学科基本素质。在学习的过程中，学生由于自身的认知结构、思维方式的差异，在学习同一门学科时的学习态度，也有很大的差异。而学习态度的差异，直接导致了学生对于这门学科的兴趣。兴趣较浓或者很喜欢这门学科，学习效果自然会很好。反之，则不能有很好的学习效果。例如，在学习中，学生出现的偏科现象就是由态度的差异产生的。不同的态度，直接导致了偏科现象，这是一种偏向于某些学科而对其他学科没有兴趣的学习行为。因此，教师在对某一学科进行教学的过程中，不仅要注重学科知识的学习，更要把学科实践活动也加入学科学习之中，为学生创造出一个快乐的学习环境，从而培养学生的学习兴趣，帮助学生养成学科学习的基本品质。

学科基本素养被称为基本素养，就说明它是学科学习的基础。拥有了这一基础素养，才能够更好地进行学科学习。反之，则不会达到最好的学习效果。这对增强学生对学科的理解能力，对学科学习动力的提升和学习效率的提高，都有着积极的作用。因此，学生必须用科学的学习理念来进行学习，根据不同学科的不同特点，提高学生对于这一学科的主观能动性，以此来提升学生的学科基本素质，帮助学生更好地进行学科学习，高效地实现教学目标。

（二）语文素养

《义务教育语文课程标准（实验稿）》第一次提出了"语文素养"，它表明语文课程应致力于学生语文素养的形成和发展。语文素养是学生学好其他课程的基础，也是学生全面发展和终身发展的基础。

语文素养具有整体性，小学生语文素养的内涵应有具体性和可操作性，是语文知识、语文能力、语文情意、语文学习方法和语言积累的融合。其中，语文能力是语文素养的核心。这一观点仍然存在片面性，语文素养虽然具备综合性，但其中所综合的内容要分类明确，并不是所有的内容都能够归入语文素养，要注意内容的筛选，这样才能明确语文素养的内涵。

（三）语文核心素养

一些学者认为，核心素养的"核心"并不是单纯地指知识和基本技能，也不是所谓的学生对其是否感兴趣以及学习某学科的态度，核心素养的"核心"重视的是如何运用知识，并且如何运用知识来提出问题和解决问题，这样所需要的思维能力和判断能力就是我们所说的核心素养。这就要求学生学会利用各个学科的综合知识来解决问题，培养其核心素养的形成。

对语文核心素养的研究，是建立在双核的基础之上的。首先是以促进学生发展为基础；其次，以塑造人的语文品格为基础。语文学科的核心素养的内涵是什么？许多学者都做过解释和总结。普遍认为语文核心素养的表现是听、说、读、写、思，这五项能力是语文核心素养的要点。除了这些基本的知识能力要点之外，还有必要把审美能力、文化传承等纳入语文核心素养的构成中。

语文教育的重中之重是培养学生的语文核心素养。作为母语学科的语文，不仅承担着母语教育及培育母语素养的重任，而且需要传递主流价值观。语文核心素养应该是核心素养学科化的具体反映，是个体通过语文学习活动形成的能在现实生活和未来发展中发挥语文自身价值、能够帮助个体实现自我价值的必备语文品格和关键语文能力。在语文教育实践中，只有将核心素养融于学科核心素养之中，并贯穿于学科教育的始终，学科素养的培育才不会迷失方向，核心素养也才能落到实处。

二、语文核心素养的维度解析

（一）语言建构与运用

语文核心素养包括两个方面，即知识能力和人文素养。听、说、读、写四种能力，在语文课标中表示能够促进语文能力的培养。听和说是在口头表达方面的运用；读和写是书面表达的运用。小学语文教师只有通过这四种技能对学生的全面培养，才能有效地培养小学生语文核心素养，并提高他们的语文水平。在语文课堂教学中，听、说、读、写这四种基本能力是相互联系。一方面，听和读是对语文知识的吸收与理解；另一方面，说和写是对语文知识的运用与表达。因此，这四种基本技能是紧密相连的。在课堂教学过程中，教师应注重这四种技能的联系，全面提高学生的语文综合能力。

1. 听、说能力的培养

认真细心倾听别人的讲话，并且及时理解说话的内容，是小学生的重点培养目标。在课堂教学过程中，大部分学生都是通过听和说来学习知识的。一旦学生听和说的能力不足，会直接影响小学生的成绩水平。小学生只有在上课的时候集中精力听讲，才能深入理解教师所讲授的语文知识。因此，培养小学生的听和说能力是最基本的要求与目标。

2. 阅读能力的培养

小学生阅读能力的培养，要通过文章的字、词、句进行教学。复述和默读的训练，能够让小学生自然地掌握词语，并且理解句子的含义，从而能够给文章分段并概括其中心思想。新课标规定，阅读和默读是高年级学生学习的重难点。为了培养学生的阅读能力，教师可以严格要求学生多背诵、多复述。通过反复阅读，达到会背的目的，有助于为今后的写作打下良好的基础。

3. 写作能力的培养

小学生写作要以写记叙文为主，并且也要学会写应用文。在语文教学过程中，教师应指导学生养成勤观察、爱思考的写作习惯，并且指导学生针对季节和环境的不同，随时记下周围的变化。在每次写作文之前，教师都带领学生仔细观察，找出其特点，不断提高小学生的写作水平。教师应想方设法地激发学生的写作兴趣，由教师规定的"要我写好"转化为"我要写好"，全面提升学生的书面表达能力。

（二）思维发展与提升

语文的教学要以思维发展与品质为核心素养，这是因为语文是祖国的语言文字，语文课程是学生学习运用语言文字的课程，以培养学生的听、说、读、写能力为重点。如何把握和运用语文,并且应用到实践中,是一个很复杂的过程。汉语的结构复杂,信息烦琐,这些都离不开思维的发展。因此,语文教师要抓住学生发展的特点及其规律,来进行语文教学。根据学生思维的特征,开展有效的教学,使学生的思维品质得到良好的提升。

思维能力和语言能力密不可分。语言是思维的载体,如果一个人说话语言犀利,条理清晰,那么我们会认为这个人的思维很有条理性;如果一个人说话语言混乱,那么我们就会说这个人的思维也是混乱的。因此,语言能力的培养,对思维能力的提升也是极其重要的。在小学语文课堂教学中,教师应指导学生学会思考并且能够深入思考,锻炼学生的逻辑思维能力。

(三)审美鉴赏与创造

在审美鉴赏与创造核心素养方面,教师必须对其掌握正确的方法,进行指导和传授,学生应在认真听完教师的讲授后,再去实践。美育已成为我国提高全民素质的基本要求,如如何鉴赏小说,如何欣赏一篇散文。进行文学赏析的时候,教师要由浅入深地引导学生对其赏析,并产生强烈的学习兴趣;在教师指导的过程中,应充分尊重学生的主体地位,使学生真正成为学习的主人,让学生形成自己的审美观念。在小学语文教学中,教师应积极渗透"审美鉴赏与创造"这一核心素养,让学生体会到文学作品会给他们带来的愉悦情感,在审美鉴赏的过程中,培养学生的独立自主性与创造性,从而让学生对文学产生强烈的热爱。

(四)文化传承与理解

一个人要想具备良好的核心素养,必须具有深厚的文化底蕴,对于语文来说,文化底蕴是指一个人对古今中外文化的理解程度和认识程度。作为一名语文教师,更需要有深厚的文化底蕴,尤其是对诗词的深入理解。孔子曰:"不学诗,无以言。""《诗》三百,一言以蔽之,曰:思无邪。""小子何莫学夫诗?诗,可以兴,可以观,可以群,可以怨;迩之事父,远之事君;多识于鸟兽草木之名。"另一方面,通过阅读名著,可以有效地增加学生的文化底蕴。因此,在小学语文教学中,教师应充分重视语文学科对文化的传承作用,促进学生对我国优秀传统文化的传承与理解。

第二节　小学生语文核心素养的培养现状

一、小学语文核心素养培养中存在的问题

（一）小学生语言能力中存在的问题

1. 语言表达能力薄弱

小学生的语言能力，其实就是听、说、读、写四种基本技能的培养。小学语文的教学，就是要培养学生的听、说、读、写的能力。听、说是口语表达的运用，读、写是书面表达的运用。在实际的教学过程中，教师并没有提起对学生这四项能力的重视，影响了学生的全面发展。在课上，受到中考的导向作用，教师为了在有限时间内完成教学任务，很少与学生进行沟通与交流，而学生与学生之间交流的机会也非常有限，这就导致大部分学生语言的表达能力非常弱，不利于学生的全面发展。

2. 阅读能力低下

当今小学生普遍存在着缺少大量的阅读而导致阅读能力低下这一现象，具体表现在五个方面。第一，没有浓厚的阅读兴趣。学生主要把兴趣放在电脑、电视和其他娱乐活动上，对阅读并没有很强的兴趣。第二，存在阅读的心理障碍。有些学生害怕在阅读的过程中读不好而被其他学生嘲笑，因此失去了信心；也有些学生自觉性低，很少有读书的习惯。第三，阅读效率低。新课标规定了小学生的阅读速度，经观察发现，大部分学生都没有达到这一要求。第四，阅读数量少。经调查发现，大部分学生并没有达到新课标对小学生阅读量的要求。第五，阅读方法不当。大部分学生阅读都是走马观花，没有合理运用阅读方法，导致其阅读的效果不理想。

3. 写作能力有所欠缺

在小学阶段，要养成留心观察周围事物的习惯，有意识地丰富自己的见闻，记录个人的独特感受。大部分学生没有养成良好的写作习惯。

（二）小学生思维能力中存在的问题

语文课程在发展语言能力的同时，还要注重发展学生的思维能力，激发学生的创造潜能。但是现在的小学生普遍缺乏独立思考能力和逻辑思维能力，主要表现在以下四个方面。第一，教师在上课的过程中，根据语文教案机械地提问，学生没有经过自己的思考而被动地回答问题，甚至失去回答问题的兴趣。第二，小学生只看到事物的表面现象，没有

对事物进行深入思考,从而忽略了其本质内容。第三,学生在遇到不会做的练习题时,没有经过思考的过程,而是直接去找答案。第四,部分语文教师对小学生进行思想的禁锢,影响了小学生想象力的发挥。这些现象都表明小学生的思维能力发展不足。因此,教师应认真研读《小学语文新课程标准》,充分重视小学生思维能力的培养,创新教学方法,不断提高学生的思维能力。

(三)小学生审美鉴赏能力中存在的问题

鉴赏美的能力不足

语文教学以"审美鉴赏与创造"为核心素养,包括两个方面,即感受美和鉴赏美。让学生参与赏析活动,培养他们的情趣与兴致,提升个人的价值观,增加学生对文学作品等的赏析兴趣,并培养其创造能力。因此,教育工作者要提高对美育教育重要性的认识,改革教育方式,不断提升学生鉴赏美的能力。但是当前小学生的美育教育并不是很乐观,许多学校只注重学生的成绩,忽略对学生进行美育教育,小学生鉴赏美的能力有待提高。

(四)小学生的文化传承能力中存在的问题

小学生是发扬中华传统文化的重要群体之一,是中华民族繁荣昌盛的希望。核心素养中的文化传承能力,包括对本土文化的传承能力以及对国际文化的理解能力。在小学教育的课堂中,教师要引导学生重视传统文化,发扬民族精神。只有这样,才能更好地继承优秀传统文化思想,弘扬中华优秀传统。目前,我国的小学生大部分都是独生子女,经常出现以自我为中心、控制能力薄弱、对长辈不懂礼貌等不好的习惯。我国传统文化中孔融让梨的精神、艰苦朴素和吃苦耐劳等精神荡然无存,这些现象反映了我国传统文化的缺失与危机。

二、小学生语文核心素养培养现状的成因

(一)学校的办学理念存在偏差

1. 应试教育倾向严重

当今,已经全面实行素质教育,但素质教育的实施仍然受到应试教育的阻碍。应试教育已在我国实行多年,其对教育的影响更是长达数年。虽然已经逐渐退出历史的舞台,但仍对素质教育的推进产生了很大影响。应试教育注重的不是学生的全面素质,而是单纯地追求更高的成绩。这就直接导致了学生的综合素质被人们忽略,学习上的压力也逐渐增加。

2. 学校的校本课程缺乏核心素养的设计

我国的校本课程建设，经历实践、理论和再实践的过程，围绕校本课程的内涵、理念与价值、内容与模式及管理与评价等各种问题，取得了许多富有创新、卓有成效的进展。在新课程标准的改革下，校本课程成为学校课程建设改革新重点。但是随着课程理论的发展，校本课程中存在的问题也逐渐暴露。学校的课程建设对学生的需要难以满足，缺乏需求评估，没有涉及学生的核心素养。学校的校本课程处于停滞状态，难以激发学生的兴趣，无法提升学生的学科素养。

就目前学校校本课程的建设程度来看，普遍存在以下三种现象：首先，忽视学生自身的需求，并没有对学生自身的需求情况进行评估。大部分的校本课程都停滞不前，没有实际操作。这样开发的校本课程是不完善的，也是不符合新课标要求的。其次，缺乏力量的整合。学校一味地让教师开发校本课程，使教师成了课程的主体者，起主导作用，这样学生就会被动起来，失去对校本课程的兴趣。虽然在数量上校本课程增加了，毫无疑问，如果忽视了学生的自身需要，也没有参考社会的需求，这样的校本课程即使开设了也毫无意义，难以满足小学生核心素养的培养需求。

（二）教学的方法不当

1. 对教学目标的设计不合理

课程改革目标是否能够达成，取决于学科课程目标的达成程度，也就是说学科课程目标是课程改革目标达成的基础。由此我们可以看出，教学目标的重要程度是决定课程改革目标走向的重要环节，能够体现核心素养的重要思想。学生发展自己的核心素养与学科是分不开的，语文教学应通过实现该学科的教学目标来完成学生核心素养的培养，使核心素养融入学生的学习和生活之中。当今社会对人才的要求越来越高，没有足够的才能，就难以称为人才。因此，人才的培养遇到了极大挑战，传统的培养策略已经难以满足社会的需求，社会在进步也迫使培养方式必须跟上社会的脚步。核心素养的重要思想没有在教学目标设计中得到落实，是当前小学语文教学面对的难题。因此，教师应提起对教学目标的重视，不断创新教学理念，合理设计小学语文教学目标。在教学目标的设计中，渗透核心素养理念。

2. 教学模式陈旧

目前，在小学语文课堂教学的过程中，传统的教学模式在本质上并没有得到根本的改变。《小学语文新课程标准》规定："小学生要在课堂教学中处于主体地位，激发小学生的创造性。"为了满足《小学语文新课程标准》强调的要求，语文教育工作者也采取许多措施来顺应新的教学模式。然而，这些教学模式并没有在本质上有改变，仍然是学生处于被动的地位，只是在表面上激发学生的思维。

在当前的小学语文课堂中，一些教师让学生机械地收集所谓的教学材料，上网查阅有关语文这门课程的知识，并且在课堂上汇报这些材料，从而浪费了课堂教学的时间，这样的做法对教学是毫无益处的。在上课的过程中，学生只是按照教师的要求照搬其他参考材料和网络材料。实际上，学生并没有真正学习到知识，能力并没有得到锻炼，一些基本技能也没有提升，本来可以在课后或回家解决的问题，却占用了教学时间，这样的教学是毫无效率的。

3. 课外作业缺乏开放性

当前的小学语文教学，在作业设计和课后练习中也存在诸多问题，不符合社会发展趋势，促进学生综合发展，是当今社会素质教育的目标之一。当前教育的要务，是把新一代的学生培养成符合社会发展趋势的人才。在小学语文课堂教学过程中，教师要率先培养学生的智力活动和情感价值观。然而，越来越多的家庭作业给小学生增添了无形的压力。教师布置过量的作业，反复练习同一个知识点，这样的作业形式很容易让学生产生厌烦的心理和负面的情绪，这样会阻碍学生的创造能力的培养和激发。与此同时，教师布置的作业并没有创新性，没有发挥出学生创造的潜在能力，只注重语言基础知识的练习和积累。书面作业缺乏实践训练性，枯燥而乏味，作业的形式烦琐而单调。除此之外，作业评价也很单一。例如，对于小学语文作文作业，大部分教师没有实质性的评价，都是"优""良"等评语。作为小学生的直接评价者，小学语文教师的评价方式一定要丰富有内涵，并且具有针对性和实质性。只有这样，才有利于学生的综合发展。

（三）教师的核心素养的缺失

1. 教师对核心素养认知程度不足

在规划未来教育发展之际，"核心素养"一词成为社会舆论关注的焦点。

"什么是核心素养""如何培养学生的核心素养"这两个方面是目前人们研究的主要方向。2014年3月，"核心素养"一词第一次出现在了国家的文件中。在教育部印发的《关于全面深化课程改革落实立德树人根本任务的意见》中指出："核心素养是立德树人目标的基础，核心素养已经成了一种世界潮流和趋势，也顺应国际发展的关键环节。"但是教师对"核心素养"一词理解较为薄弱，对它的认知程度不够高，对"核心素养"一词的内涵理解不是很透彻。要提高小学生的语文核心素养，小学语文教师首先必须全面理解小学语文核心素养的内涵，必须具备正确的教育思想以及教育教学能力。也就是说，教师要明白"培养什么样的人""怎样培养人"和"怎样进一步提升核心素养"三个问题。

"十年树木，百年树人"，教育的目的就是树人。应该如何树人或者以什么标准来树人，是目前社会上一个永恒的话题。在小学语文教学中，教师必须要注重培养学生的核心素养，在学生的不同成长阶段，就会有不同的教育。在这整个教育过程中，就会形成学生独有的适应社会发展的能力以及关键的必备品格，这就是我们所说的核心素养。目前，教师只是单纯地重视教学过程、教学方法和教学设计等，忽视了小学生核心素养的培养。因此，教师必须提高小学生核心素养的重视程度，不断改进培养学生核心素养的方式方法，切实提高学生的核心素养。

2. 教师专业知识结构不完善

在现代社会中，小学语文教师扮演着独特的角色。教师不但要培养小学生学习语言文字的能力，而且还要引导学生形成正确的人生观和价值观。作为一名小学语文教师，必须关注每一名学生的认知和心理特点，密切关注小学生的成长过程，掌握好并合理利用每一节课的课程资源，提高学生的读、写能力以及对课文的理解能力。因此，提高小学语文教师的专业素养，不仅有利于新课程改革，而且还有利于促进学生的全面发展。教师专业知识结构不完善，主要表现在以下三个方面：

第一，语言表达能力比较薄弱。作为一名小学语文教师，最重要的任务就是要教会学生正确地理解并运用祖国的语言文字。作为一名语文教师，课文的内容不仅要讲解透彻，而且要用正确、恰当的语言来表达自己的思想感情。教师的用词必须准确无误，思路、思维要清晰。教师的语言习惯会影响到学生的语言习惯，因此教师要提高自己的语言表达能力。

第二，对学生学情认识不足。教师要全面理解课程的内容及大纲要求，认真研读《小学语文新课程标准》。小学语文教师对新课程理念的理解还是比较深刻的，他们都意识到了在语文的课堂上不仅要尊重学生的感受，而且还要关注课堂的生成等。但是在教师的实践操作的过程中，课堂实录与教案设计并不一致，有许多教师的教学没有达到设计的初衷。原因在于教师过于重视教学教案的设计，没有合理分析学生的学情，导致课堂教学脱离了教师原有的计划。

第三，教学方法单调无新意。教师的教学方法必须符合教材的特点，采取小学生容易接受的方式与方法是很有必要的，这样才能遵循学习规律。作为一名小学语文教师，最有效的教学途径是要在教学中创建多样化的教学方法。经常有教师上课一味地照本宣科，没有自己的创新，参考书怎么写，教师就怎么教，教学方法单一且缺乏变化。原因在于教师不擅于运用多种教学方法，认为只要把课本知识讲清楚就达到目标了。另外一个原因，是教师没有与时俱进学习新的知识，理解的知识比较陈旧老套，所以只能重复课本的内容。这种现象若不及时发现并改正，必然会削弱学生学习语文的积极性，从而降低课堂教学效率,要改善这一现象,必须要提高教学质量,这就要求教师具备扎实的教学功底、丰厚的知识基础、灵活的思维能力以及授课方法。这样不仅提高了教学效率,也提高了教师的自身素质。

陈旧老套的教育观念,是目前小学语文教学效率低下的原因之一。尽管在很早之前就提出了课程改革,关于小学语文的创新理念也不断提出,但在小学语文的教学工作中,只重视知识、不重视能力,只重视考试结果、不重视学习的过程以及方法,只重视机械化的记忆、不重视创新能力的培养等观念仍然根深蒂固。究其原因,首先是受中考的导向作用,过于追求升学率,片面地强调考试成绩,这样就会给学生造成极大的心理压力。在小学语文的课堂上,有时教师在唱"独角戏",学生不发言,只做听众,教学氛围并不活跃,甚至会令人感到窒息。在教材的处理上,并没有结合学生的学情,缺乏对学生的针对性指导,灌输式地讲解书本的内容,扼杀了学生的创造性能力。因此,教师应与时俱进,创新教学理念,充分尊重学生的主体地位。在教学中,一定要以学生为主体,让学生在课堂上当"主角",充分发挥学生的积极主动性,不断提高学生的语文素养。

3. 忽视了核心素养的渗透

在教学过程中,培养小学生的核心素养是极其重要的。教育具有阶段性,不同年龄的学生,需要不一样的教育方法。在这个成长的过程中,小学生就会在无形中养成适应社会发展的能力与习惯,也形成了其必备的关键品质,这就是所谓的核心素养。在目前的课堂教学中,有些教师忽视核心素养的教学设计,只是关注其教学方法与过程,核心素养具有某一门学科的本质性的特点。作为一名小学语文教师,必须重视核心素养的培养,并在课堂上将核心素养与知识相结合。总之,小学语文教学若要适应新一代的发展,就必须在授课的过程中重视小学生语文核心素养的培养,激发学生学习语文的兴趣,提高语文学科学习的效率,全方位地提高学生的语文素养。

(四)教材编写过程中核心素养设计的缺失

1. 教材内容选择缺乏核心素养

(1)传统的教学模式在本质上没有得到改变

目前,在小学语文课堂教学的过程中,传统的教学模式在本质上并没有得到根本的改变。《小学语文新课程标准》规定:"小学生要在课堂教学中处于主体地位,激发小学生的创造性。"为了适应《小学语文新课程标准》中强调的要求,语文教育工作者也采取了许多措施来顺应新的教学模式。然而,这些教学模式并没有在本质上有所改变,仍然是学生处于被动的地位,只是在表面上激发学生的思维。下面以六年级的语文课时的一个教学片段为例。

《开国大典》教学片段：

师：这篇课文是按照什么顺序写的？

生1：按照事情的发展顺序写的。

师：不对。

生2：按照时间顺序写的。

师：还是不对。

最后，教师却参照教学参考书的答案，告诉学生是按照"开国大典进行的顺序"写的。对于教材来说，这三者没有任何区别，教师并没有灵活地指导学生，而是一味地参考教材答案来讲授。在课堂教学中，教师一直让学生听，教师在讲台上按照教参来讲，并没有将学生置于主体地位。教师这样机械地传授书本上和教参上的内容，然后让学生死记硬背。这样的授课方法，虽然能够应付考试，却使学生依然缺乏创造力与独立自主能力，小学生的语文核心素养的培养也无法得到落实。

（2）机械地收集教学的学习材料

当下，在小学语文课堂中，一些教师让学生机械地收集所谓的教学材料，上网查阅有关语文这门课程的知识，并且在课堂上汇报这些材料，浪费了课堂教学的时间，这样的做法对教学是毫无益处的。在上课的过程中，学生只是按照教师的要求照搬其他参考材料和网络材料。实际上，学生并没有真正学习到知识，能力并没有得到锻炼，一些基本技能也没有提升，本来可以在课后或者回家解决的问题，却占用了教学时间，这样的教学是毫无效率的。

例如，有一位教师在教授学生《草船借箭》这篇课文时，占用了将近半节课的时间让学生展示他们所收集到的所有材料，包括有关《三国演义》的名著也带到学校来。在这个过程中，学生只是机械地阅读他们收集的材料，并没有真正记住它，而听者也是模棱两可地听着一个学生读材料，也没有记笔记，从而丧失了学习兴趣。在这样的教学中，课堂效率肯定不高，教师不分主次地盲目地让学生单纯地读材料，不但浪费学生的课堂时间，对家长来说也是某一方面的负担。

2. 在教材目标的确定上缺乏核心素养的参考

课程改革目标是否能够达成，取决于学科课程目标的达成程度。也就是说，学科课程目标是课程改革目标达成的基础。前者把后者作为实施的主要途径，而后者的实施需要教材这一媒介完成。因此，教材的重要程度，决定课程改革目标走向的重要环节，这也就要求教材必须精心设计，不仅能够体现核心素养的重要思想，而且在内容方面做到科学严谨。课程改革目标的达成，关键就在于教材的设计。

学生发展自己的核心素养与学科是分不开的,通过该学科的教材与学科教学来完成学生核心素养的培养,使核心素养融入学生的学习生活之中。无论是学科教材还是学科教学,都对学生核心素养的形成有着积极的促进作用,教材的重要性主要体现在它所起的桥梁作用。将知识与学生连通,教学则将学生与教师相连,两者共同实施以达到课程标准。

当今社会对人才的要求越来越高,没有足够的才能,就难以称为人才。因此,人才的培养遇到了极大挑战。传统的培养策略已经难以满足社会的需求,社会在进步,也迫使培养方式必须跟上社会的脚步。核心素养的重要思想没有在教材中得到落实,想克服这个困难,还需要大家共同努力。

第三节　小学生语文核心素养的培养途径

一、学校要树立正确的教育理念

(一)树立正确的教育观

小学生培养的学科核心素养,是学校开设一门课程的灵魂。一所学校的办学理念的重中之重,就是要提炼出该校的精神文化要素。比如,一所学校的培养目标、校风、校训等都是学校的办学理念。一旦拥有了对学校发展有用的先进的办学理念,那么这所学校就会为培养学生的核心素养提供重要保障。

语文学科的核心素养,保证着学生自身的发展和课程之间的联系,作为语文教师,只有真正地把握好学生的核心素养的特征以及正确地理解和认可,才有可能真正实现对小学生语文核心素养的培养。要以学生为中心,发展建构主义的课程,树立正确的教育观念,强调课程的整体性。重视语文与其他学科之间的联系以及相互融合,促进教师之间的合作观念并满足学生的发展需求,才能在真正意义上培养小学生的语文核心素养。

学校要根据小学生身心发展的特点,开发适合小学生发展的课程和教学形式。其教学形式要以人为本,避免应试教育的倾向,注重小学生的个性发展,高度重视小学生的实践能力和应用能力,全面减少小学生的压力,减轻他们的负担,争取让小学生从应试压力中解放出来。注重小学生的社会适应能力,多方面接触社会、接触自然,提高他们的社会实践能力,增强他们的积极性和主动性,从而养成良好的语文习惯。因此,学校要树立正确的教育观,不断更新与提升办学理念,制定新的教学目标与方法,更新教学理念,给小学生提供轻松愉悦的学习氛围,并激发他们的主动性和创造性。

(二)加强学生核心素养的校本建设

培养学生的核心素养,是学校进行校本课程开发的重要目标之一。学校如何办学、如何建设课程,都是围绕核心素养这个目标来进行的。学校的校本课程,是学校做好教学活动的重要因素之一。其教学目标、理念和价值,都要通过学校开发的课程来体现。校本课程的内容选择和实施方法,都注重学生的全面发展,提高小学生的社会适应能力和需求能力,从而有利于发展学生的语文核心素养。

学校除了开发同一阶段学生的校本课程之外,还需设立选修的校本课程,争取尝试"学生流动走班听课"和"教师流动走班教课"的形式来开展,这样的校本选修课程,虽然在学校硬件设施和教师资源条件受限制,但是这类课程的灵活性和多样性丰富了学校的课程内容,同时也提高了小学生的学习兴趣,促进小学生个性化发展和全面性的发展,提高了小学生语文核心素养的认知程度,注重学科素养的形成。长期积累下去,学生的整体性的核心素养会有很大的提升。

二、教师要提升自身的核心素养

(一)提高教师对语文核心素养的认知程度

当今,教育界的潮流已经转变为对学生核心素养的培养。处于21世纪的我们,更应该严格要求自己,培养自身的关键技能与核心素养以适应世界的潮流。核心素养,真正成了国家课程标准革新的重要环节。核心素养培养的实施者正是处在一线工作的教师,他们对核心素养的理解程度,决定着他们教出什么样的学生。作为一名教师,必须清楚地知道什么是核心素养,自己课堂中存在着什么样的问题,应该怎样做才更有利于学生核心素养的发展。因此,教师队伍的优化,成为培养学生核心素养中最为重要的一个环节。

语文是一门极为系统化的学科。在核心素养这一观念的主导下,语文是集学科与非学科形态于一体的。凡事有利亦有弊,核心素养下的语文学科教育,既方向明确,又使教学难度加大。在上课的过程中,教师要舍弃陈旧的教学方式,使核心素养的培养融入语文课堂之中。因此,无论是拥有多年教学经验的语文教师,还是刚刚步入职场的青年教师,都要一起努力改变陈旧的教育观,为核心素养的培养不停奋斗。

(二)完善教师专业知识结构,加强创新能力

课堂教学既包括教师的教,也包括学生的学,是教师与学生共同参与完成的。教师的即时评价,应该在整个教学过程中都有体现。评价的作用,并不是简单地告诉学生谁答得

好,谁答得不好,而是通过评价来激励学生更好地完成学习。评价的目的并不是辨别学生对知识了解得好坏,也不是选拔好坏学生,而是激发学生的学习兴趣,调动学生学习的积极性,唤起学生对知识的渴望。在学校的学习生活中,学生受到的评价主要来源于教师,教师对每一名学生的鼓励,都直接影响着这名学生在校的表现。积极的评价给予学生更大的信心和更强的学习动力,对语文的课堂效果有着积极的促进作用。

1. 中肯评价学生的学习和成绩

在评价一名平时成绩较好的学生时,要在肯定他的同时,向他提出更加严格的要求,让他不要骄傲,要尽量做到更好。在评价一名成绩较差的学生时,要明确地指出他存在的问题并进行鼓励,让他对学习充满积极性,能够克服困难,取得更大的进步。通过中肯的评价,教师才能帮助学生进步。

2. 及时批改学生的作业和试卷

在批改学生的作业和试卷时,教师要仔细认真。除此之外,要在改的同时,加上相应的评语。加评语看上去是一件小事,但随着时间的推移,会对学生的心理产生很大的影响。评语看似只是一句话,但也反映着一个教师对工作的态度,间接地影响着学生向好的方向发展。

3. 创造评价学生的机会和舆论

每一名学生都希望自己成绩优秀,都有进取心,但是由于自身条件及环境条件的限制,多数人不能如愿。这并不能认为他们就没有进取心,当看到教师表扬其他学生的时候,他们也会想要得到教师的表扬,但是能够得到教师表扬的机会并不多。这时就要求教师创造一些机会给学生,让他们受到表扬,以增加他们的学习积极性,教师可以开展一些学习竞赛之类的活动给学生创造出更多被表扬的机会,使他们在参加活动的同时,不仅收获更多的知识,而且得到更多的表扬,这对学生的心理有好的影响。因此,教师创造评价学生的机会和舆论,对学生的学习是有很大的促进作用的。

总之,在课堂教学中,教师必须知道评价的积极作用,而且要做到适时进行评价以优化学生的学习。

(三)重视课堂教学的设计能力

通常,评价一名教师是不是优秀,主要是看这名教师是否具有丰富的专业知识。没有任何一名学生能够脱离教师而独立进行学习,也正因为如此,专业知识丰富的教师必须不断增加自己的专业知识,新教师也应更加努力赶上优秀的教师。只有这样,才能够真正做到以核心素养为中心进行语文学科的教学。因此,语文教师现在面临的最大问题就是如何让改变教学观念,如何提升专业知识的储备,提高学生的学习能力和素养。

作为一名优秀的教师,首先,应该做到的是拥有美丽的心灵;其次,还应该具有强烈的责任感。仅仅有这些还不能算是一名优秀的教师，自身专业知识和能力，也是成为一名优秀教师的必要条件。作为一名优秀教师，对知识结构的掌握程度和自身专业素养的完善，是两个重要的环节。我们通常将知识结构分为三个部分，分别是教师掌握的普通文化知识、教师积累的学科专业知识以及该学科的内容知识。普通文化知识是一名教师的内涵所在，是最能够体现教师内在价值的衡量尺度，它能够体现教师拥有的文化底蕴。而学科专业知识则对一名教师提出了更高的要求，它不仅要求教师必须掌握该学科的基本内容，对这些内容了解得极为透彻，还要求教师对所教学科的架构发展脉络和学科信念进行深入透彻的剖析以及对语文理念的创新。

  作为接受教育的对象，学生占据着整个教育教学环节中最为重要的位置。学生的认知水平和基本素质都存在着差距，但是课堂却把他们聚集在一起通过一本教材进行教授，这很难照顾到所有学生，这种方式显然已经难以适应核心素养下的语文教育。核心素养下的语文教学，要求教师在讲授前，能够对学生的基本情况有一个初步的了解，以便制定出能够适应所有学生的教学设计。教师的教学设计应该做到明确地体现学生在学习活动中，所设计的学习活动应该让学生自主学习，而且具有一定的科学性和可行性。教学设计并非毫无章法、随意制定，教师在进行教学设计时，要抓住主线贯穿于整个教学设计之中，学生可以根据教师给出的线索一步步地发掘学习。学科核心素养体现在课堂教学的每一个环节中，在这种氛围的影响下，学生可以让课堂变得更加活跃，学习兴趣也得到了极大的提高，教师也融入学生之中，既是良师又是益友，为语文核心素养的培养奠定了基础。

  如果把语文学科比作一个人，那么情感教育充当的就是这个人的灵魂。好的情感教育，能够使学生的身心健康成长。积极稳定的情感，可以使学生精力充沛地完成学习任务。赞可夫曾说过："一个人在学习过程中所产生的情感是兴奋的，那么这种情感就能帮助他更有效地进行学习。一个人发现真理后所产生的情感是愉悦的，那么这种情感会增进其智力的发展。"由此可见，在语文教学中对学生进行情感教育，是极其重要的，教育改革的方向也是趋向于此。但是在现今的语文评价机制中，并没有把情感态度作为一项考查的标准。在语文学科考核中没有重视这一点，也就直接导致教师对情感目标重要性的忽视。因此，强化语文课堂教学的知识情感目标，是培养学生语文核心素养的重中之重。

三、在教材编写方面关注核心素养的设计

（一）教材内容的选择应突出核心素养

  《语文课程标准》中的"教材编写建议"，给编撰教材的人提出了编写的主要方法。它

要求编撰者编写的教材既具有足够的开放性，又应该根据情形具有恰当的弹性；既能够将该学科的学科知识体现得淋漓尽致，又能给教师一些加入自己教学思想的空间，给学生探究的空间。语文学科是所有学科中最基础的，只是学会里面的学科知识，并不能起到多大作用，还要求能够在不同环境中应用所学知识。因此，好的教材是学好语文学科的前提，恰当地对教材进行取舍与整合成为关键。

1. 深入钻研教材

要想深入钻研教材，就要求我们明白教材只是辅助教学的工具，我们要教的是知识而不是教材。在选择一个教材之前，首先，要对这个教材进行深入的了解。了解一本教材的前提，是该教材中的内容要做到准确把握，能够知道课文到底讲的是什么。其次，应该知道教材中的课文表达方式有哪些特点。最后，应该知道课文中哪些知识是要求重点学习的，哪些知识的学习具有一定难度。准确地了解教材，能够极大地帮助学生更好地学习课文中的知识。在钻研教材的过程中，教师要时刻站在学生的角度去思考怎样使用这本教材，才能达到最好的效果。

2. 精心设计教学

在教学过程中，教师要做到精心设计教学。只是能够运用教材去讲解还不够，还要求教师能够灵活地运用。首先，教师要做到了解教材的编写意图。对教材中的内容、知识点以及教学思想，透彻地掌握。其次，要清晰地知道学生所处的学习水平。根据学生的学习水平，把教材中适合学生的部分保留，不适合学生的部分删掉，将能够帮助学生学习但教材中并未体现的部分补充。只有这样，才能提升学生的语文核心素养。

（二）教材目标的设计应关注核心素养

在教材目标的设计上，要懂得原理、意义和准则并不是核心素养的唯一要求，更多的是给学生一个自主探究的空间，自己去发现学习，才能达到最好的效果。学生应该在核心素养的指导下，完成跨学科学习，在自主学习的过程中获得知识。实现这个目标的过程并非易事，传统的知识传授已经发挥不了作用，如何巧妙地构思出学科活动，才是实现这个目标的核心。学科活动并不是课上活动或是简单的动手操作，它要与学科密切地结合在一起，在整个学科活动过程中，都能够让学生自主探究，并一步步地引导学生找到最终的答案。在设计学科活动的过程中应尽量避免演绎的干扰，将学生的学习形式真正地转变为归纳学习，这一学习方式将更有益于学生的学习，但是这种方式却给教材的编撰者增大了难度。原本教材只要能够做到直观地体现学科知识就可以，现在不仅要精确体现学科知识，还要按照核心素养的形式去编撰。

将核心素养的观念加入教材之中并非易事，这就要求教材编撰者在编撰过程中，增加更多的发散性活动以及跨学科的活动。要想完成这些活动,学生必须把各个学科的知识都了然于心。只掌握本学科的知识,是无法完成学科活动的。设计这些学科活动的最终目标,就是提升学生的核心素养。因此,教材设计的问题必须恰当,能够让所有学生都参与进来,而不是只针对小部分成绩优秀的学生。教师应该由知识的再现者转变成学习知识的引领者,让学生在教材的帮助下,以自主探究的方式习得新知。

第六章　小学语文课程有效教学设计实践

第一节　小学语文识字与写字教学设计

识字与写字教学，包括汉语拼音教学、识字教学和写字教学三部分。《语文课程标准》强调，学生生理、心理以及语言能力的发展方面，具有阶段性特征。不同内容的教学也有各自的规律，应该根据不同学段学生的特点和不同的教学内容，采取合适的教学策略。

一、汉语拼音的教学设计

（一）在优美情境中学习拼音

现在的汉语拼音教材，几乎每课都把所要学的零散的拼音内容有效地整合成接近学生生活的情趣盎然的情境图，所配插图大都既提示字母的音，又提示字母的形，不但在视觉上给学生以愉悦的感受，而且在内容上体现了生活的美好，体现了积极向上的人生态度。在教学时，许多教师都能恰当地运用教材，充分发挥教材的优势。例如，有的教师在教学复韵母时，在教学流程的编排中，先是利用情境图引出要学习的"ang""eng""ing"和"ong"四个字母。在学生充分认读之后，又利用"表音表义图"，加强对字母的识记，并进一步利用"语境歌"，巩固字母的认读效果。这样的设计，巧妙灵活地运用了教材中创设的"两境"，为拼音教学服务。儿童是用形象、色彩、声音来思维的。情景的创设，使拼音课堂教学妙趣横生，学生在优美的情境中，可以展开想象的翅膀，在不知不觉中主动学习拼音。

（二）在生活语境中学习拼音

首先，要有意识地把学生从生活中获得的经验转化为学习新知识的基础，巧妙地在学生已有的生活经验与学习对象之间建立起新的联系。例如，在教读单韵母"u"时，有的教师出示翘着尾巴、吐着泡泡的大红鲤鱼的幻灯片，让学生观察图形与字形、图意与读音之间的相似处，学生借助他们原有的对"鱼"的生活认知，就很容易认识并掌握单韵母的字形和字音。其次，儿童学习汉语拼音，是一个从语言实践中来，又回到语言实践中去的过程，所以拼音教学不仅要利用学生熟悉的生活环境，激活学生的生活经验，还要多组织与学生的生活世界紧密联系的语言活动，鼓励学生将所学的汉语拼音运用于实际生活中。充分利用一切的学习资源和实践机会，让学生在生活中学，在生活中巩固。例如，在教学具体音节时，可以从学生身边的生活事例入手，从学生最熟悉的口语入手，从学生接触的生活物品入手，引导学生从中提炼出对拼音符号的认同与理解，并进一步让学生联想生活中与此音节相同的其他语词，还可以引导学生把学过的拼音制成标签，贴在自己的学习用品及生活用品上。

（三）在快乐的游戏中学习拼音

游戏是儿童的天性，也是儿童快乐的源泉。把汉语拼音的学习和游戏有机地结合起来，在游戏中学，在活动中学，能有效地激发儿童学习的兴趣，吸引学生的注意力，收到良好的教学效果。在拼音教学中，可以利用各种有趣的形式，创设生动活泼的学习情境，吸引学生主动参与、互动学习。例如，编儿歌、找朋友、摘果子、猜猜看、摆字母、讲故事、打拼音牌、做拼音操、开火车等，都是拼音教学中常用的学生喜欢的游戏形式。游戏的过程，其实就是学生进行大量的语言活动和肢体活动的过程。在这一过程中，儿童不仅能主动、轻松地掌握拼音知识，还能发展他们的语言能力和思维能力，激发想象力和创造潜能，并在学习中获得快乐的情感体验。

二、识字教学设计

（一）形、音、义结合，以字形教学为重点

识字教学包括字形的教学、字音的教学和字义的教学，这是识字教学的主体内容。在儿童识字时，要使汉字的形、音、义三个基本因素紧密联系，互相沟通，最终达到会读、会解、会写和会用的程度。汉字是记录汉语的符号系统，是形、音、义的统一体。识字教学应该根据汉字的特点，贯彻形、音、义结合的原则，使学生读准字音，认清字形，了解字义，从而获得对一个字的完整认识。

相对于字的音和义来说，字形是儿童学习的新因素，是他们经验中所缺少的。字形的掌握比字音、字义的掌握要困难得多。有实验证明，在巩固生字的检查中，字形错的频率往往要比音错、义错高得多。可见，字形是识字教学的关键，也是识字教学的难点。应该强调的是，字形学习不是孤立的。识字教学应该充分利用儿童生活经验中已有的音、义联系，与字形建立新的统一体；当然，如果生字的字义是儿童所不熟悉或较抽象的，则要先帮助儿童建立新的音、义联系，然后在此基础上与字形建立统一的联系。

（二）利用汉字规律，引导学生认识汉字的魅力

汉字是表意文字。在教学过程中，教师可以充分利用汉字的表意功能、汉字的结构或汉字的造字原理，适当渗透相关的字理知识或其中蕴含的文化信息，让学生在不知不觉中感受汉字的优美和趣味，发现汉字的特点和规律，从而有效激发他们主动识字的愿望，培养他们独立识字的能力。例如，有的教师在教学《口耳目》时，巧妙地利用汉字的造字原理，引导学生依据象形字的造字特征，联想生活经验，很快便掌握了兔、羊、竹、木、鸟、禾等字的字形识记方法，使独体字的学习过程形象化和趣味化，正是以文化的视野站在更高的境界去认识识字教学的意义和规定识字教学的目标，教师才能在教学内容的选择中，树立文化渗透的意识，充分利用汉字规律，引导学生认识汉字的优美。

（三）运用多元识字法，激发学生的识字兴趣和潜能

每一种具体的识字方法，虽然各具特色，各有所长，却不可能是全能、没有局限的，所以在教学中应当取长补短。就汉字的属性而言，注音识字强调字形与口语的关联，字理识字则强调利用汉字形义统一的原则；就汉字的习得阶段而言，韵语识字适用于识字的初期集中积累阶段，分散识字则更适用于识字的中后期积累运用阶段等。在教学中，要根据不同的教学阶段和汉字不同的属性，选择不同的识字方法和教学策略，教学方法与教学策略的多元化，既可以灵活应对汉字自身的复杂性，也可以有效适应不同阶段的汉字习得要求。在教学中，教师应该尽量用汉字自身的构形原理及其形、音、义统一的科学规律来调动学生的观察力、想象力、联想力和思考力，从而有效激发学生学习汉字的兴趣，开发他们的各种识字潜能。

（四）创设良好的识字语境，培养学生独立识字的能力

识字教学不仅要注意抓住汉字自身的规律，选择恰当的教学内容，还要注意儿童的特点，将学生熟悉的语言因素作为主要材料，结合学生的生活经验，引导他们利用各种机会主动识字，力求识用结合。因此，在教学中要抓住儿童认读汉字的规律，为学生创设识字情境，让学生在生动具体的生活情境和识字语境中，主动识字和用字，逐步获得独立识字的能力。在教学中，教师还要特别注意学生独立识字能力的培养。在示范学习了一个生字以后，概括出学习方法，再引导学生用自己喜欢的习惯和方法，识记其他生字。学生在自主学习的过程中，充分发挥出个人的识字潜能和创造力。

在教学中，教师要深入理解教材的编写意图，开阔教学视野，整合学生生活中的课程资源，把识字与生活联系起来，与阅读联系起来，为学生创设生动活泼的生活场景，让他

们在愉悦的识字空间中调动自己的生活积累，学会运用各种途径和方法主动识字，准确用字。

三、写字教学设计策略

《语文课程标准》提出了加强写字教学的要求，强调要重视对学生写字姿势的指导，要引导学生掌握基本的书写技能，养成良好的写字习惯。扎扎实实地抓姿势、抓习惯、抓技能，是写好字的关键。

（一）指导学生形成正确的写字姿势

《语文课程标准》强调要形成正确的写字姿势和良好的写字习惯。低年级是形成正确的写字姿势和良好的写字习惯的关键期，正确的写字姿势，不仅有利于书写的质量，也有利于儿童身体的健康发育。教师应该重视写字前的准备工作的指导，正确的写字姿势包括正确的执笔方法和正确的坐的姿势。以往要求写字要做到一拳、一尺、一寸，后有实验认为"三个一"不够科学，正确的写字姿势应该是眼离书本15~20厘米，指尖到笔尖距离1.5~2厘米，胸离桌面大体一拳。在教学中，以端正平稳、自然舒展、不紧张、不局促为宜。

根据低年级学生的年龄特点，教师在指导学生形成正确的写字姿势时，适当地采用直观形象的方法，如图片展示法。由于低年级的学生对语言的理解感知能力相对较弱，因此让学生通过图片，直观地比较正确的书写姿势和不正确的书写姿势，或借图片告知学生书写及保管文具的过程，可以收到很好的效果。此外，还可以用行为示范的方式。小学生的模仿能力很强，教师的书写姿势对学生来说是最好的示范，也可以让写字姿势良好的学生示范，让学生间相互影响。

（二）掌握规范的书写技能

写字教学的核心内容是培养学生的汉字书写能力，要求能够用硬笔和毛笔书写楷书，并达到规范、端正、整洁和美观，并且有一定速度的书写要求。掌握规范的书写技能，是保证写字质量的关键，也是写字教学的核心内容。书写技能包括正确掌握硬笔字和毛笔字的执笔方法和运笔方法；掌握汉字的基本笔画和常用的偏旁部首，准确地把握笔顺规则和字的间架结构；熟练掌握田字格和米字格练习，描红、仿影和临帖练习，正楷和行楷练习等汉字书写的练习方式。在教学中，教师要采用各种方法和手段，帮助学生形成规范的书写技能，例如，有的教师在指导学生学写十、木、禾这三个字时，抓住这三个字的字形关联性，采用讲解、书写和范写等方式。首先，让学生掌握"横""竖""撇""捺"这四种笔画的起笔、运笔和收笔的书写技巧。然后，让学生牢记"先横后竖，先撇后捺"的笔顺规则，并书写笔顺。最后,在田字格中,指导学生掌握十、木、禾的间架结构。学生在了解了基本的写字要领之后,开始规范练习整字书写。整个教学以学生的书写训练为主,在训练过程中,辅以写字要领的知识指导和行为示范。写字训练循序渐进,写字指导扎实到位。

(三)引导学生掌握基本的写字要领

知识是形成技能的基础。教师应该结合汉字教学,讲清汉字的基本知识,让学生掌握笔画技巧、笔顺技巧和间架结构技巧,了解每个字各组成部分的位置及比例关系。然后,教师要借助行为示范,让学生模仿学习基本的书写技巧。教师的示范具有直观性和表象性,容易在学生头脑中形成可参照的形象。有研究表明,教师正确的写字动作技能的演示,有助于学生书写技能的形成,特别是运笔的过程往往很难,用语言道清其中的微妙,教师采用局部特写的方法进行分解示范,学生可以清楚、直观地感受书写的过程,进而模仿学习,然后再依靠训练,让学生形成扎实的写字基本功。

书写是人的大脑、手臂、手腕和手指联合协调的活动。书写技能的形成,离不开自身的实践训练。可以结合识字教学,指导学生做书写练习,书写是帮助学生巩固识字、学习写字的有效手段。在教学中,要求学生按照生字的笔顺,唱读笔画名称,并用食指在空中模拟书写,然后读出字音,说出字义。这样既可以使生字的形、音、义紧密结合起来,又可以使学生的口、耳、眼、手协调活动,有助于其集中注意力。

(四)帮助学生养成良好的写字习惯

良好的写字习惯,是学生写好字的基本保障。习惯的形成,是一个长期坚持的过程,需要从严、从实、从点滴抓起。良好的写字习惯,除了保持正确的执笔习惯和正确的写字姿势外,还包括正确的书写习惯,要有"提笔即练"的意识,这要求教师在日常的教学中,不仅要训练扎实的书写技能,还要时时巡视,时时提醒,及时发现和纠正,不断强化和巩固。此外,还可以制定合理、有效的监督评价机制,并让其他科任教师、家长和学生共同参与监督,齐抓共管,真正做到"提笔就是练字时",为写好规范汉字扎根固本。

第二节 小学语文阅读教学设计实践

《小学语文新课程标准》将阅读的功能理解为:"阅读搜集处理信息、认识世界、发展思维、获得审美体验的重要途径。"阅读对于学生语文素养的形成和发展有着十分重要的作用。阅读活动,是一个复杂的心智活动过程。阅读是以思维为核心,依靠全部的心智活动和情感意向的一种活动过程。它借助阅读文本中具有客观意义的文字符号，通过感知、思维、联想和想象等多种心理活动，将阅读主体头脑中储存的思想材料与读物之间的内容建立起联系，通过创造性的思考，来获得阅读文本的意义。阅读可以丰富一个人的人生，可以涵养一个民族的精神气质，可以铸就一个国家的文化根基。随着科学文化的快速发展，人的阅读领域越来越宽广，阅读的地位越来越重要，阅读的要求越来越高。阅读教学是以培养学生阅读能力为核心目标的一种教学活动，是中小学语文教育的重要组成部分。阅读教学是构建学生语文能力的重要基础，是教会学生感知、理解、吸收和表达信息的重要途径，所以阅读教学一直是语文教育的最重要内容。

一、阅读教学的基本理念

（一）注重文本语言的品位

语文教学要引导学生探究文本的内容和作者的思想感情等。但文本的内容和作者的情感，都是借助语言来表现的。因而，在探究内容和情感的同时，必须咀嚼和推敲语言，品味语言，让学生由此获得独特的体验。

语文教学的根本任务就是引导学生学习语言，指导学生掌握语言的技巧，发展学生的语言表达能力。语言学习的重点就是感受语言、揣摩语言和品味语言。因此，以课文为载体进行语言学习的阅读教学，应该给学生充分感受语言的时间和空间，让学生在感受中去积累，在积累中去领悟，在领悟后去运用。教师必须重视引导学生在一定的语境中理解词语、品评词语和感悟语言的魅力，揣摩文章的表达顺序，领悟文章的表达方式，并引导学生透过语言文字的表层去体会语文的人文精神、理解语言文字中蕴含的人文特征等。尤其是抓住具有张力的字、词、句，深入领悟其中的丰富内涵，这样既有助于学生对语言的理解和积累，使学生形成良好的语感，提高学生对语言的敏感度，又有助于学生的思维训练，培养良好的阅读习惯和方法。

我们必须改变把课文的讲解注意力只放在思想内容和写作意图的分析上的做法，而要把关注点更多地放在学习言语的表达形式上，将教学的重点放在对课文言语表达的咀嚼和品味上，进而探讨作者为什么这样写以及写得怎样的问题。

（二）重视对文本的整体把握

在阅读教学过程中，我们面对的每篇课文都以其独特的异质成为各自独立的个体，它是完整而不可分割的。因此，课文是由知识、思维、情感和审美等各方面教育内容组成的综合体。而这各方面的教育内容，体现在每篇文章的字词、句、段中。字、词、句、段都可以是不同层面的整体,同时又是文章的组成部分。阅读必须以整体把握文本的内容为前提,对文本的基本内容、情感和立意方面,应该先有整体的印象。在这个前提之下,才谈得上让学生理清作者的思路,概括课文的要点,理解作者的思想、观点和感情。阅读教学必须尊重阅读规律,尊重文本的整体性,重视文本的结构效应,重视对文本的整体把握。阅读教学过程应通过对文本不同层面的分析与理解,达到整体把握文本的目标。

在阅读教学的过程中,教师应指导学生先通读全文。经过思索,对文章有了整体感受后,再深入分析,厘清各部分内容之间的联系。具体内容,主要包括理解文章标题、提取基本要素、概括主要内容、归纳中心思想和理清思路、线索、层次、结构等。教师应避免让学生对课文的理解仅停留于文章的部分内容和语言的把握上,而缺乏对课文的整体把握和深层领悟的教学方式的做法,这样才不至于让学生对文本的把握"只见树木,不见森林"。

整体把握文本,还要求学生在阅读作品时,做到"知人论世",关注作品背后的知识。尤其是对于文学作品来说,作家本人的生活思想与时代背景,有着极为密切的关系,因而只有知其人、论其世,即了解作者的生活思想和写作的时代背景,才能客观、正确地理解和把握文学作品的思想内容。对作品创作的时代背景和作者经历了解得越透彻,对作品的感悟就越深入。教师若简明扼要地介绍作者创作的时代背景,对学生理解作品的思想感情将会很有帮助。

(三)关注阅读教学中的多种对话关系

现代对话理论认为,作者与读者的关系,就其本质而言,体现了人与人之间的精神联系,阅读行为也就意味着在人与人之间确立了一种对话和交流的关系。这种对话和交流是双向、互动、互为依存条件的,阅读因此成为思维碰撞和心灵交流的动态过程。读者的阅读,尤其是阅读文学作品的过程,正是一种共同参与,以至共同创造的过程。所以读者绝对不是消极被动的,读者也是文学活动的主体。

作为阅读教学过程的学习者和施教者,教师和学生又都是文本的阅读者,这样就形成了"学生—文本—作者"之间的对话和"教师—文本—作者"之间的对话。在阅读中,教师与学生产生的主体感受是不同的。不同的学生阅读相同的文章,所得的信息也是不同的。阅读教学是一种教学行为,具有师生双边互动的特点。教师与学生之间不是一种灌输与被灌输的关系,而是一种平等多向交流的关系。在这个过程中,教师与学生面对作品平等交流、积极探讨,心灵的交流和智慧的碰撞可能迸发出灵感的火花。此外,文本编入教材,有编者的编辑意图。在教师和学生阅读教材中的文本时,要理解感受编者的思想和编辑意图,实际上也就形成了"教师—文本—编者"的对话关系和"学生—文本—编者"的对话关系。

阅读教学过程的多重对话关系，要求在语文阅读教学过程中，强调教师和学生的自主性和独立性。重视学生在阅读过程中的自行发现和自行构建，鼓励学生对阅读内容做出有个性的反应，重视师生之间和生生之间的沟通交流。

阅读教学过程的多重对话关系，要求师生角色和教师作用的定位要准确。教师是课堂阅读活动的组织者、学生阅读的促进者，也是阅读中的对话者。一般来说，教师作为文本与学生的中介，他的思想深度、文化水准、人生经验和审美水平都要高于学生，他可以起到向导的作用，但绝对不能取代学生在阅读中的主体地位。过去流行一种"谈话法"教学，是先由教师预设好结论，然后千方百计地引导学生猜测，有人戏称，这是"请君入瓮"。这其实仍是一方强行灌输、一方消极接受的方式，与阅读作为一种对话的本质是背道而驰的。此外，课堂阅读教学在一个集体中实施，与完全个人化的阅读毕竟不同，这里还有学生与学生之间的对话，因此营造良好的课堂氛围也十分重要。在一种刻板、呆滞的课堂氛围中，富有活力和创意的对话是难以实现的，轻松、活跃、和谐的环境气氛，当然有利于激活学生的思维和想象力。

（四）尊重学生的阅读主体性

《小学语文新课程标准》中指出："阅读是学生的个性化行为，不应以教师的分析来代替学生的阅读实践。应让学生在主动积极的思维和情感活动中，加深理解和体验，有所感悟和思考，受到情感熏陶，获得思想启迪，享受审美乐趣，要珍视学生独特的感受、体验和理解。"教师应加强对学生阅读的指导和点拨，但不应以模式化教学代替学生的体验和思考，要善于通过合作学习解决阅读中的问题，但也要防止用集体讨论来代替个人阅读。阅读教学的目标也特别强调阅读者的个性体验，如带有"自己"一词的表述就有十多处："有自己的感受和想法""做自己的判断""拓展自己的视野""有自己的心得""提出自己的看法""说出自己的体验""通过自己的思考""提高自己的欣赏品位和审美情趣""搜集自己需要的信息和资料""制订自己的阅读计划"等。

在语文课程中，具有大量具体形象、带有个人情感和主观色彩的内容。要重视学生的独特感受和体验，关注学生的学习经验和学习体验；要以学生作为学习和发展的主体，充分发挥学生的自主性、主动性和创造性，鼓励学生对阅读内容做出有个性的反应，如对文本中自己特别喜爱的部分做出反应，确认自己认为特别重要的问题，做出富有想象力的反应，甚至是突发奇想，将自己的阅读感受与作者的意图进行比较，为文本的内容和表达另做设计等。尤其在文学作品阅读教学中，不要刻意追求标准答案。在阅读中，学生并不是消极地接受和索取主义，而是积极主动地发现，甚至创造。从这层意思说，语文课本首先不是教本，而是读本。

《小学语文新课程标准》中还提出，逐步培养学生探究性阅读和创造性阅读的能力，提倡多角度的、有创意的阅读，利用阅读期待、阅读反思和批判等环节，拓展思维空间，提高阅读质量。阅读期待，是指一种接受者在对文学作品体验之前，就已经存在的心理期待结构，是由读者已有的阅读经验构成的主观知识经验系统。期待视野下的阅读，不是阅读者机械地接纳文本，而是读者对文本意义的空白，运用自己的联想、想象和创造，去丰富补充。因此，作品的意义并非文本产生于作家手下就凝固了的，而是由读者逐步发掘出来的。在阅读教学中，关注学生的阅读期待，首先要关注学生的生活经历和体验，其次要关注学生的阅读审美经验。此外，还要关注学生的个性特征和认知水平。总之，在阅读教学中，教师要激活学生与文本相关的生活经验。根据学生阅读经验和审美经验，呈现阅读内容，安排教学过程。

（五）注意随文讲解语文基础知识

《九年义务教育全日制小学语文教学大纲（试用修订版）》《九年义务教育全日制初级中学语文教学大纲（试用修订版）》和《全日制义务教育语文课程标准（实验稿）》都意在淡化语文知识和语文基本训练，强调要摆脱对语法修辞等概念定义的死板记忆，并明确提出"不宜刻意追求语文知识的系统和完整""语法修辞和文体常识不列入考试范围"。这并不是完全否定语文知识的重要性，因为规则可以帮助并强化从实践中得来的东西。对此，我们有必要明确语文知识教学的地位，以避免教学中的偏差。

语文知识教学是语文课程性质的体现，是语文教学不可缺少的内容。教学实践证明，在学生学习语文的实践中，给以必要的语文知识，尤其是那些关键的知识作为理论指导，就能使他们掌握规律，获得要领，融会贯通，举一反三，为学生的语文能力的可持续发展打下基础。在阅读教学中，引导学生随课文学习必要的语文基础知识，既能帮助学生理解课文，又能提高语文知识传授的有效性。但语文知识教学服务于语文能力和语文素养的培养和提高，处于从属地位。

语文知识是一个集合概念，它的范围很广泛，内容很丰富，包括文艺理论知识、文学史知识、语法学知识、修辞学知识、训诂学知识、文章学知识、语言学知识、写作学知识、文化史知识等。语文知识教学的内容与语文知识的内容既有联系又有区别，语文知识教学的内容专指学生在校学习语文的过程中，必须把握的、基础性的语文知识。概括来说，基础阶段的语文知识教学的基本内容主要包括汉字知识、汉语拼音、语法修辞知识、文体知识、文学常识、实用文章的基本表达方式、听说读写的基本知识、常用语文工具书的使用等。这是语文学科中最基本的部分，也是一个现代公民所必须具备的最基本的语文知识。

语文知识的教学主要应结合听、说、读、写实践进行，做到精要、好懂、有用。精要、好懂、有用,是语文知识教学一贯以来的要求。精要,是对教学内容方面的要求,指在确定每类语文知识时,要精选既能体现该类知识内在规律,又能切合学生实际需要的基本知识,并通过精选的课文将其表现在其中。好懂,是教学方法方面的要求,指语言表述要通俗易懂、深入浅出,还要努力联系实际,做到直观有趣。有用,是教学目标方面的要求,不仅能用语文知识去解释语文现象,更重要的是能直接用于语文实践,有助于提高学生的语文素养。

过去的语文教学,在教学内容的安排和教学方法上,确有重知识传授而忽视能力培养的偏差,尤其是烦琐的知识学习和训练,使得语文教学怨声载道,但如果我们强调提高能力,强调素质教育,就忽视知识的传授,甚至不提语文知识的系统性,就有可能导致另一种偏差。因此,有人认为当务之急是应该认真思考如何构架语文知识体系,如何使知识向能力转化。从现代心理学的广义知识角度来审视语文课程的知识基础不难发现,语文教学缺乏程序性和策略性的知识。这种状态不利于学生语文智力和能力的形成,也不利于培养他们的语文动机、态度和价值观。在语文课程的建设中,应开阔语言研究的视野,以促进陈述性知识向程序性知识的转化,应丰富方法论和策略方面的知识,让学生真正学会学习。

二、不同文体的阅读教学设计

(一)记叙文教学设计

记叙文是以记人叙事为主要内容,以叙述和描写为主要手法,兼用抒情、议论等表达方式,通过对具体、真实的人和事的叙述来反映生活、表达思想感情的一种文体。根据记叙文的特点,记叙文教学应着眼于对记叙文的随文讲解和记叙能力的训练,提高学生阅读和写作记叙文的能力。在教学过程中,渗透对学生的思想道德教育、情感教育和审美教育。记叙文教学的要点,包括以下五个方面的内容。

1. 把握记叙文的要素

记叙文以写人和记事为主要内容,以记叙和描写为主要表达方式,它的构成因素是时间、地点、事件(起因、经过、结果)和人物。在教学时,首先应该指导学生把握记叙文的基本要素。通过把握这些基本要素,先把握事件的全貌。在记叙文的构成要素中,人和事是最基本的因素,就其关系来讲,时间和地点是人物和事件存在的形式,原因和结果是人物和事件发展的必然。因此,要理解记叙文的思想内容,发现包含在事件当中和人物身上的思想感情,就应当指导学生着重理解人和事件,理解作者对这些人和事的态度和情感。

在记叙文中,人物和事件往往是很难分开的。人物,都是在某个事件当中的人物;事件,必然和某个或某些具体的人物联系在一起,是人物经历的事件。事件是人物活动的轨迹,通过具体事件来反映人物的性格和精神,是记叙文写作的基本方法,而从分析事件中认识人物,则是记叙文教学中研究人物形象的基本途径。在比较复杂的事件中,往往要涉及许多人和事,要注意指导学生抓住有代表性的人和事进行认识。

研究记叙文的事件,不能对文章所写的事件及其各个阶段不加区别地对待,而要抓住重点,特别是具有典型意义的片段,进行深入细致的分析思考。透过现象看本质,揭示出其深层的含义,以便概括出文章的主题。对人物的认识,还应该研究记叙文表现人物的方法。对人物进行直接描写,是记叙文写人的主要手段,而通过环境描写等方式从侧面烘托人物的形象,也是记叙文表现人物的重要方法。从分析记叙文对人物的直接或间接描写中,认识记叙文的人物,是记叙文教学中研究人物形象的又一主要途径。

2. 弄清记叙文中材料的选择

在记叙文中,作者根据文章表达中心的需要,需要对占有的材料进行严格的筛选,对记叙的内容做出精心的安排,使其详略得当、点面结合、主次分明。在教学中,要分析材料和主题的关系,帮助学生领会作者围绕中心选择和组织材料的匠心,使学生懂得如何选择感情的聚焦点来反映生活,表达感情。

3. 分析记叙文的结构

对记叙文结构的分析,主要体现在研究全文各个段落之间的联系及其对表达主题的作用上。探究记叙文的结构,要从把握记叙的线索,理解文章的开头、过渡和照应的作用两个方面入手。因为如果抓住了统领全文的线索,文章材料之间的关系就明朗了,文章的层次也就清楚了;只有理解了文章的开头、结尾、过渡和照应,才能够把握文章的内部联系,更好地理解文章内容。有些文章的段落或内容之间的照应关系,是用较为含蓄的句子或词语来表达的,对于这样的句子或词语,在教学时,应引导学生用心揣摩、细心体味,这样才能加深对文章的理解和感受。

4. 分析记叙文的表达方式

记叙文的主要表达方式是叙述和描写,为了表达的需要,议论和抒情也是经常用到的表达方式。记叙文中的叙述和描写往往是相辅相成的。记叙用以交代生活事件,描写用以形象生动地再现生活画面。记叙文中的议论和抒情,一般在记叙文中所占篇幅不大,却是记叙描写的重要辅助手段。一是能够突出事件的本质意义和人物性格的典型意义,渲染和深化文章主题,增强文章的艺术感染力。二是能够将发生在不同时间和空间,不同人物身上的事件联系起来,反映共同的主题。在教学时,要引导学生结合具体语境,明确综合运用多种表达方式的具体表达作用,引导学生体会在叙述描写中渗透的作者的感情,使学生在情景交融的内容学习中受到熏陶感染，提升人生境界。

5. 学习记叙文的语言

记叙文多从现实生活中选取材料，较之文学作品，更多写的是真人真事。因而，记叙文的语言以朴素无华为主要特征，同时又具有丰富多彩的特点。在语言上，讲究准确、鲜明、生动和形象。在教学时，引导学生品味作者在遣词造句上的特色，揣摩语言的丰富内涵，对丰富学生的语言积累、培养语感、深刻理解文章的思想内容，都有重要作用。学习记叙文的语言，尤其是要抓住关键字和词句，引导学生深入领悟，因为这些语句对于理解事件的本质和人物形象，往往能起到关键的作用。

（二）说明文教学设计

说明文是以解说事物、阐明事理为基本内容，以说明为主要表达方式的一种文体，它以向人们介绍知识为目的。与其他文体相比，知识性和客观性是其最显著的特点，作者的主观成分和感情因素的渗透相对较少。说明文教学要使学生了解说明文的内容表述和结构等，培养学生热爱科学、勇于探索的精神。说明文教学的要点，包括以下四个方面的内容。

1. 明确说明对象的特征

说明文说明事物或阐明事理，最重要的是抓住说明对象的特征，并将它用恰当的方式和方法表述出来。只有准确、清楚地显示出对象的本质特征，才能使读者了解对象，留下深刻的印象。引导学生明确说明文说明对象的特征，也就成了说明文教学中必不可少的环节。在此基础上，一方面，指导学生通过明确事物的特征来把握说明文的主要内容；另一方面，让学生懂得自己在观察事物或表现事物时，应该善于抓住事物的特征。

2. 弄清说明的顺序

说明文要将事物或事理说清楚，首先得考虑如何安排合理的说明顺序。说明的顺序，是根据事物的内部规律以及人们认识事物的过程来安排的。教师要指导学生了解说明顺序，有助于学生理清文章脉络和对被说明对象的理解把握，对学生的思维训练也是很有益的。

说明的顺序主要有三种。一是时间顺序。记叙性的说明文，往往采用这种说明顺序。二是空间顺序。介绍建筑物等各种具体物品的说明文，大多依照这种顺序。三是逻辑顺序。阐释性的说明文，基本上就采用这种说明顺序。需要指出的是，由于说明对象的复杂性，一篇说明文用一种说明顺序，往往难以将它的特征说清楚，所以大多数说明文都用了不止一种说明顺序。这样在教学时，既要指导学生弄清课文的总体说明顺序，又要抓住比较突出的局部说明顺序，使学生真正把握文章的结构，正确认识说明的事物。

3. 分析说明的方法

说明文为了揭示对象的特征，或者把道理阐述清楚，达到说明的目的，要采取具体的说明方法。对说明方法的学习，是说明文教学的重要内容。

说明文说明事物的方法有很多，常见的说明方法有举例子、分类别、列数字、做比较、下定义、打比方、列图表、做诠释等。在说明同一事物时，作者往往会使用多种说明方法。在教学中，一方面，教师应引导学生充分认识作者使用的说明方法的合理性，把握事物的特征，学会准确说明事物；另一方面，要区分主次，抓住最突出、最能体现课文特点的要点，做具体、深入地分析，使学生真正掌握，不能面面俱到地平均对待。还需要特别注意的是，方法是为内容服务的。在引导学生分析、理解说明方法时，一定要注意将方法与内容联系起来做分析，即在紧扣被说明事物的特征理清课文层次内容的基础上，分析说明的方法。这样有助于学生理解和记忆，也容易模仿。离开课文的层次内容，空讲说明方法，不仅听起来枯燥无味，也不利于说明文的读写训练。

4. 体会说明文的语言特色

说明文的写作目的是让人了解事物，明白事理，增长知识，因此说明文的语言必须准确，才能保证严谨的科学性。说明文介绍说明的对象，常常有很强的专业性。要使一般的读者接受，使用的语言必须通俗易懂。准确、通俗，是说明文语言最基本的特点。在教学说明文时，要启发学生体会文章的语言特点，学会准确使用词语。同时，还应使学生明白，说明文在准确、通俗的前提下，为了增加文章的可读性和趣味性，也由于说明对象和作者语言风格的不同，说明的语言可呈多样性，不必拘于一格。

（三）议论文教学设计

议论文是以论辩说理为基本内容，以议论为主要表达方式的一种实用文体。它通过论证材料，借助一定的论证方法，展开论证，并运用概念、判断和推理的逻辑形式，来表达作者的思想观点和主张。论点、论据和论证，是议论文的三要素。议论文的教学目的和内容在于着重关注议论文思想的深刻性、观点的科学性、逻辑的严密性和语言的准确性。引导学生区别观点与材料，把握观点与材料之间的联系，学习并运用有关的议论文文体的读写知识和方法，培养和发展学生议论说理的能力和逻辑思维能力。议论文教学的要点，包括以下四个方面的内容。

1. 抓住中心论点

论点是作者对所论述的问题所持的见解和主张。文章的各部分都围绕着文章的中心论点组织论据，进行论证，因此它是议论文的灵魂。抓住中心论点，是理解一篇文章的关键，议论文教学，首先要引导学生找出文章的中心论点。有的文章题目本身就是中心论点，有的文章一开头就点明论点,有的文章末尾归纳出论点,还有的文章隐含在全文的论述之中。了解了议论文提出论点的这些规律,教学中就可以指导学生去分析、寻找或归纳。在明确文章观点主张的基础上,引导学生通过自己的思考,深入领会文章思想的深刻性和观点的科学性,并鼓励学生联系生活实际做出判断。有的议论文围绕中心论点提出几个分论点,用分论点来补充、扩展或证明中心论点。在教学时,应引导学生找出文章中的论点,再研究它们之间的逻辑关系,分清主从,把握中心论点。

2. 明确论据

论据是用来证明论点的理由和根据。论据充分、可靠,它所支撑的论点才令人信服。因此,要准确把握论点,必须分析研究论据,分析研究论据的主要工作包括:明确论据自身的意义;分清论据的种类,"摆事实,讲道理",论据分为事实论据和理论论据两种类型;理解论据与论点之间的关系,即证明与被证明的关系。

3. 分析论证的过程和方法

议论文的论证过程,就是以论据证明论点的过程。简单地说,就是摆事实、讲道理。议论文只有经过论证,才能使论点和论据之间建立逻辑联系,才能使文章言之成理,也才能使读者接受作者所阐述的观点和主张。议论文教学,应教会学生辨析论点和论据的关系,从而认识文章论证的逻辑过程,加深对文章的理解。这也是对学生思维训练的途径和方式。从教学实际看,认识议论文的论证过程,常常是教学的难点,因为论证是材料和观点相统一的过程,是运用论据证明论点的逻辑推理过程,也是作者写作技巧的运用所在。它不像论点、论据那么具体,它比较抽象、复杂。要解决这个教学难点,就要求教师深入钻研教材,采取多种方式进行诱导和启发,以帮助学生更好地理解和掌握。

议论文的论证方法就是用论据证明论点的方法。论证方法多种多样,常见的有举例论证、比喻论证、对比论证、类比论证、引申论证、因果论证等。在议论文中,论证方法不像论点和论据那样表现在字面上,而是隐含在论证过程中,相对来说比较抽象。在教学时,要结合课文的具体内容来明确论证法,使学生易懂好记,掌握一些常用的论证方法,不能对学生进行抽象的概念灌输。还应注意的是,一篇议论文,为了充分透彻地论证观点,往往会使用多种论证方法。在教学时应根据课文特点和学生实际,指导学生重点掌握一两种主要的论证方法,切忌面面俱到。

4. 学习论证的结构和语言

在把握议论文三要素的同时,还要注意文章是如何将这些要素组合起来的,用怎样的语言表达观点和材料展开论证的。议论文的结构最基本的是由三部分组成,即引论、本论和结论。这三部分从形式上表现为开头、正文和结尾;从论述的角度看,就是提出问题、分析问题和解决问题。议论文的结构可以分为两大类,即纵式和横式。纵式,即逐层深入的论述结构;横式,即并列展开的论述结构。由这两类结构派生出一些结构形式,如横式的有"总—分—总"式、"总—分"式和"分—总"式,纵式的有"层层深入"式。分析议论文的结构,首先要弄明白各段落层次间的内在联系。各层次的联系是多种多样的,如并列式、递进式和对比式等。还要注意文章中起过渡作用的段落和词语,可以借此分析文章的结构关系。需要明确的是,在教学中对指导学生学习议论文的结构,重点应该是分析本论的层次结构。

和其他文体相比,由于议论文不需要对事物进行直观的说明和形象的描绘,所以议论文的语言具有简明、准确、概括性强、逻辑性强等特点,尤其是经常使用关联词语,运用各种复句来进行严密的逻辑推理,以此表达作者准确的概念、明朗的态度和鲜明的观点,达到以理服人的效果。议论文的语言的特点需要在教学中联系课文实际,有重点地进行分析,帮助学生认真体会和揣摩,以提高学生对议论文语言的感受能力和运用能力。

由于论述和说理的需要,议论文有时还要用说明、记叙、描写和抒情的表达方式。对此,议论文教学除了引导学生学习论证说理之外,还应该引导学生注意其他表达方式的运用。一方面,要学生了解它们和其他文体使用时的区别;另一方面,要体会它们在议论文中的表达作用及其对议论文论辩特色的影响。

(四)应用文教学设计

应用文是在人们的学习、工作和日常生活中,用来解决实际问题的有固定惯用格式的一类文体。应用文的显著特点是文字简明,格式固定。对于阅读者来说,应用文一看就懂。从小学的培养目标来看,应用文教学的重点在于使学生了解常见的写作格式和要求,训练学生应用文的写作能力。应用文教学的要点,包括以下三个方面的内容。

1. 掌握常用应用文的格式

应用文的格式,在人们的长期使用中固定下来,一般不可随意改变。如果不按照已形成的惯用格式去写,就会影响其实用功能的发挥,甚至使读者产生误解。应用文种类繁多,对于常用应用文的教学,应主要借助文本示例来了解其功用和基本格式。以学生的语文实践为主,使学生熟练地掌握几种应用文的基本格式,以使其在读写应用文时,能准确地抓住内容,实现应用文的价值。

2. 掌握应用文的语言要求

平实、简明、得体,是对应用文写作语言的要求。应用文是用来联系工作、反映情况、解决问题的,人们阅读应用文一般不包含欣赏的因素,只要求能准确、通顺地把要说的意思写清楚。因此,文字以简洁明了、让对方看懂为原则。应用文一般都有特定的发出者和接收者，这两者之间往往形成特定的关系，这就要求语言的运用要和它所要达到的目的、所应用的场合相适应，还要适合读者的接受心理，这些决定了应用文的语言非常讲究得体。在应用文教学中，一定要通过例文的学习和写作训练，使学生掌握应用文的语言要求，尤其应将如何得体表达作为教学的重点。

3. 学会从应用文中搜集和整理信息

真实性，是应用文写作的原则。有些应用文的产生是以掌握真实材料为前提的，如计划、总结、调查报告、新闻报道、合同、诉状等。在教学时，可以引导学生从不同的角度，结合自己的需要，提炼不同的信息。可以借助例文，教给学生收集材料，并对材料进行分析、归纳和分类，使其条理化的方法，这对学生是终身受用的。

（五）诗歌教学设计

诗歌是用凝练、形象、富有节奏感和音乐美的语言，创造意境，高度集中地反映生活、抒发作者强烈的思想感情的一种文学样式。通过诗歌教学，要使学生了解诗歌的一般特点，学习诗歌的基础知识，学习阅读鉴赏诗歌的基本方法，提高阅读和欣赏诗歌的能力，提高文学修养，发展学生的联想和想象等形象思维能力，陶冶学生的情操，培养学生健康高尚的审美情趣。诗歌教学的要点，包括以下四个方面的内容。

1. 领会意境，体会感情

一般认为，意境就是诗人要表达的思想感情与诗中描绘的生活图景有机融合形成的一种耐人寻味的艺术境界。分析诗歌的意境，要引导学生通过诗人描绘的生活图景，发挥学生的联想和想象，去丰富和补充诗歌的画面，以感受诗人的感情，从而把握诗歌的感情和艺术特色，认识诗歌的审美价值。

领会诗歌的意境有以下三步：一是理解揣摩语言，进入意境。由于诗歌的语言高度凝练，语言间还常存在间断跳跃、变换词序、减少成分、压缩省略等特点，给阅读理解带来困难。这就需要细致地揣摩诗歌的语言，准确理解词句的含义及其相互间的关系，了解有关的历史事实或典故，由此把省略和减少的内容丰富起来，把跳跃的感情连缀起来，进入诗歌意境，这是领会意境的基础和前提。二是启发联想和想象，再现意境，诗歌中诗人的思想、感情及其所描绘和塑造的形象，往往高度统一。在揣摩语言的基础上，启发学生展开联想和想象的翅膀，唤起学生的形象思维，使诗歌中的画面在学生心中呈现出一幅幅情景交融的画面，感受其中"言外之意""画外之象"，从而理解诗中广阔丰富的生活内容所包含的深刻思想意义，并从中受到感染和熏陶。领会诗歌的意境，既是诗歌教学的重点，也是诗歌教学的难点。三是寻觅意象。意象就是诗歌中饱含诗人感情，带有诗人主观色彩的物象。中国的诗歌，自古以来就非常注重意象的应用，引领学生寻觅诗歌意象、体会诗歌意境，是诗歌教学的又一关键。从某种意义上讲，抓住一首诗的意象，就等于获得了解读该诗的一把金钥匙。在品读诗歌的语言时，要能够理解诗歌意象的含义。

2. 品味语言，分析形象

诗歌以精练、含蓄、富有节奏感和音乐美的语言，表现鲜明的形象和深远的意境。诗歌教学要通过品味语言，启发想象，展开画面，分析形象，揣摩意境。一是反复诵读，加深领悟。在诗歌教学中，自始至终要突出朗读教学。在朗读中，让学生感受欣赏诗歌鲜明的节奏和音乐韵律。在朗读中，把握形象，进入意境。二是抓住"诗眼"和关键词语，推敲品味。好的诗往往"因一字而尽传精神""着一字而境界全出"。诗歌教学要在这"一字"上进行点拨，启发学生认真思考和体味用词的精妙，并展开诗歌的意境，使学生进入到诗歌表达的感情艺术境界中去，和诗人的感情产生共鸣，使诗中的意象具体化、形象化。需注意的是，教师在引导学生抓关键、抓诗眼的过程中，不能将对诗歌的字、词、句的理解与语歌整体割裂开来进行，应引导学生从诗歌整体出发，在具体的语境中理解字、词、句。

3. 分析艺术构思和表现手法

诗歌的构思讲究精、巧、新，往往采用借景抒怀、托物言志等多种表现手法，通过典型景物，具体鲜明的形象，抒发感情，表现主题。在教学中，教师要引导学生分析诗人是如何描写人、事、物、景的，寄予了怎样的感情，从而领会诗人要表达的主题，诗歌创作运用了形象思维，为了达到形象鲜明、新颖、独特的表达效果，诗歌常用比兴、夸张、拟人、对偶、反复、对比等修辞手法和烘托、象征等表现手法，来增强艺术感染力。在教学中，教师应该根据诗歌的具体写作特色，引导学生注意它们的表达作用，以更深入地理解诗歌的内涵。

4. 引导连读和仿写

连读是为了从教学的深度和广度出发，找到具有相同主题、相同题材的诗作，进行比较阅读。通过比较阅读，更好地理解诗歌的思想情感。连读是诗歌重要的方法，其目的主要在于扩展，在于拓宽学生的学习视野，在于给课文的阅读教学增加空间。仿写，是培养学生语文实践能力的一个主要手段。仿写既能使学生充分感悟诗歌的语言奥妙，同时也能提高学生遣词造句能力，提升学生的理解、联想、想象和思维能力。仿写可以仿写诗句，也可以仿写段落，可以将诗歌创作与诗歌朗诵结合起来。

"少年情怀总是诗"，虽然高考作文明确拒绝诗歌，但仍应适当地引导处于青春阶段的学生学一学写诗，让学生捕捉智慧的灵光。也许他们写出来的诗歌比较稚嫩，但精神却是难能可贵的，以写作促进提升阅读鉴赏。诗歌写作对于提高学生的语感和美感，具有巨大的作用。

（六）文言文教学设计

由于文言文教学具有特殊性，所以教学中除了运用语文教学中常用的一些方法外，文言文教学还要充分运用诵读法、比较法、归类法和串讲法等。

1. 诵读法

诵读法，即熟读和背诵的方法，它是文言文教学中最常用的方法。使用诵读的方法，让学生对文质兼美的古代诗文熟读。在读的过程中去感知、理解和品味。这样不仅可以在头脑里储存些文言信息，丰富学生对古汉语的感性认识，增加词汇和句式的积累，使其内化成自己的语言，形成良好的语感，而且在取得丰富的感性认知的基础上，可以促使学生理解词句的含义，掌握文言文遣词造句的规律，从而有效提高文言文的阅读能力。事实表明，文言文教学仅靠教师讲解是不能让学生完全领会古文的神韵、精髓和风格的，必须通过学生自己反复通读，才能心领神会，并应用自如。诵读，一定要读出文章或作品中固有的语气、语调和节奏，表达出文章或作品的情绪、气氛和感情。要把诵读的过程变成对文章或作品深入理解的过程，要把读与其他基础训练紧密结合起来。

2. 比较法

在课堂教学中，为了使学生更好地掌握一些文言实词和虚词，掌握一些文言常用的特殊句式，了解古代历史和文化知识，消除文言文阅读的语言障碍和时代障碍，教师要常引导学生采用联系比较的方法。比较的方法主要有两种。一是古今比较。学习古汉语的字、词、句，引导学生进行古今对照，找出古今语言的联系与区别，从而认识汉语的特殊规律，这样利于理解，印象深刻，有助于记忆。比较的内容和方法是多种多样的。二是前后联系。把前面学过的知识与后面学的知识联系起来，一方面使学生能够巩固记忆；另一方面使学生能够温故知新、举一反三、扩大积累，加强阅读理解文言作品的能力。随时进行比较，不仅能促使学生理解新知识，而且能扩充知识。

3. 归类法

在文言文教学过程中，及时引导学生做好各种文言知识的归纳整理工作，促使学生文言知识条理化和系统化，并由此产生领悟和联想、内化和迁移，触类旁通，提高学生的自学、自读能力。根据文言文教学的内容，常从以下五个方面进行归纳：一是虚词用法归纳。在文言文中，虚词虽然数量少，但使用频率高，用法灵活，往往一个字有好几种用法，好几种解释，甚至分属好几类词。因此，文言文教学要认真抓好虚词教学，教师应当计划好一篇课文、一个学期重点学习哪些虚词，对重点学习的虚词注重引导归纳总结。这样使学生既学得扎实，又学得轻松。二是近义实词对照。注意收集一些近义文言实词，区别其细微的差别，有利于对词语的掌握和对文章的理解。三是一词多义的归纳，经常有意识地进行一词多义的归纳，有助于顺利扫除文言词汇教学中的障碍。四是不同句型的归纳。就是把文言文中常见的判断句、省略句、倒装句和被动句等不同句式列举出来，便于比较、理解和掌握。五是通假字、古今字汇编。可以以单元、学期为单位，逐步积累，把课文中出现的通假字和古今字汇编起来，列成一览表，使学生加深记忆，并从中受到启发，举一反三。在教学中，比较法和归类法常常是同时并用的。

4. 串讲法

串讲法是我国语文教学的传统方法，一般分为三步进行，即"读—讲—串"。读，要求学生结合注释，粗读课文，在此基础上，朗读全文或要串讲的语段。讲，对串讲的语段，尤其是对学生不理解或不甚理解的词语的含义和用法的字、词，逐个进行讲解。串，把整个语段的意思贯通起来，翻译整个语段，指出与上下文的关系及在篇中的作用。这种教法的优点在于疏通字句，字、词、句落实能帮助学生理解文意。但其缺点在于把学生置于被动地位，不利于学生学习积极性和主动性的发挥。为保持优势，克服不足，可将传统的串讲同讨论、提问等方法结合起来，充分调动学生的学习积极性和主动性。

（七）童话和寓言教学设计

小学语文教材里入选了不少童话和寓言。《小学语文新课程标准》中明确指出："阅读浅近的童话、寓言、故事，向往美好的情境，关心自然和生命，对感兴趣的人物和事件有自己的感受和想法，并乐于与人交流。"

1. 童话

童话是一种小说体裁的通俗文学作品，主要面向儿童，是具有浓厚幻想色彩的虚构故事。通过丰富的想象、幻想、夸张和象征的手段来塑造形象，反映生活。其语言通俗生动，故事情节往往离奇曲折，引人入胜。童话又往往采用拟人的方法，举凡花鸟虫鱼、花草树木、整个大自然以及家具、玩具，都可赋予生命，注入思想情感，使它们人格化。

童话教学，必须体现童话的教育性、趣味性、幻想性和科学性。一是显示形象，感受童话的美和趣。在教学中，可以采用图画、剪贴画、音乐、朗读和表演等直观的手段再现童话形象，还可以用富有情感色彩的形象化的语言描绘童话形象，启发学生想象童话的角色、想象童话角色的语言，充分感受童话角色的可爱。二是通过语言训练，感悟童话形象。童话教学要引导学生辨别童话角色的是非，理解童话蕴含的理念。要做到这一点，不是靠注入和说教，而是要抓住童话形象，通过评判童话角色来进行。在教学中，可以让学生进入角色，通过读童话、演童话的方式，来强化教学效果。三是培养学生的判断能力和创造能力。例如，引导学生创造、改动原文复述童话，能有效地提高儿童的语言能力、创造能力和初步的分析判断能力。

2. 寓言

寓言是以假托的故事或拟人的手法说明某个道理或进行劝谕、讽刺的文学作品，常带有劝诫和教育的性质。语言的特点是篇幅大多简短，语言简洁锋利；主人公可为人，也可为拟人化的生物或非生物；主题多是借此喻彼、借远喻近、借古喻今，深奥的道理从简单的故事中体现出来，具有鲜明的哲理性和讽刺性；常运用夸张和拟人等表现手法。

针对寓言的特点，理解寓意是寓言教学的首要任务。一是可以采用直观的手段与教师语言描绘相结合的方法，创设情境。让学生在情境中，感受寓言角色的形象，体验角色的荒诞可笑，再引导学生依据具体深切的感受进行分析推理，最终理解寓言的抽象概括的寓意。二是紧扣展示寓体形象的关键词语，领悟寓意。在凭借寓体形象进入推理的过程中，应紧扣寓言中的传神之笔，引导儿童推敲词语，体会语感，从而领悟寓意。

第三节 小学语文写作教学设计

一、写作与写作教学的性质

从根本上说，写作是一种个体化的活动。生命个体面对宇宙、人生和短暂生命，会主动去体验、思考和感悟，写作正是这种心灵历险的写照。作为生命个体，想弄清楚生命究竟是什么，对宇宙、社会和人生充满向往和憧憬以及好奇、迷茫、激情和恐惧等。写作过程是一个活生生的个体，在写自己对生命的感悟和对人生、社会的思考，真切地表达内心所想。在这个过程中，也希望别人来分享其所思所想，从而听取别人意见，以这种方式进行着生命与情感的交流。所以写作的第一生命力，就是写真情实感，否则就失去了写作本源上的意义。

要进一步明确写作的性质，还可以从个体写作的心理过程去进一步思考。从这个角度说，写作实质上是一个双重转化的过程。第一重转化是从"物"到"意"的转化。"物"就是社会现实生活，"意"就是作者的写作意识，这种转化就是从作者生活到作者写作意识的转化。小学生写作也是同样的，他们也是在观察体验生活中不断思考，在自觉或不自觉中进行了积累，这从写作层面上说是素材的积累。

当这些积累以意识的形式积淀下来时，就完成了这一重转化。当然，在写作过程中，素材并不直接搬进文中，而是要经过思考和加工提炼的过程。第二重转化是"意"到"文"的转化。经过第一重转化，作者已经有了大量的以社会现实生活为原型的心理积淀。当作者有了写作意图之后，心理积淀在这个阶段转化为写作材料，作者进一步筛选处理这些写作材料,进行谋局布篇,然后将写作意图转化为书面文字,使之成文,这是将作者的观念情感外化的过程。

写作过程,从信息论的角度看,实际上是一个信息转化的过程。素材的积累,是一个信息输入的过程,输入的信息在大脑中不断地存贮,然后经过大脑的加工处理,进行编码,最后以文字的形式输出。这整个过程完全符合信息论中信息的转化过程,即从信息输入、存贮、加工和编码到输出的一个完整过程。所以不论从本源上,还是从写作心理上,或是从写作过程的信息输出上,写作都是作者真情实感的写照。

从教师教的角度来说,小学的写作教学是培养学生写作兴趣,养成良好写作习惯,使学生形成写作素养的过程。从学生学的角度来说,写作是学习运用语言文字表情达意,反映社会、体验生活的活动过程。写作教学是教学生综合性地集知识与能力、学识与人格、阅历与智慧于一体的教育教学活动。具体来说,可以从以下三个方面去认识。

(一)应用性

语文是最重要的交际工具,是学习如何使用语言进行交际。写作教学也是为了培养学生书面语言交际能力,培养学生掌握学习、工作和生活中所需要的一般应用文的写作能力以及表情达意的能力。特别要注意的是,小学生作文不同于文学创作,它是以实用性和应用性的特征为基础的。这一认识在我国写作教学中是有分歧的。许多教师认为,中小学写作教学的首要目标是培养文学创作素养,是文学创作的培养初期,所以在进行写作训练时,他们忽视了应用性文体的写作训练,这实际上是没有关注到小学写作教学的应用性特点。

(二)综合性

写作能力是一项综合能力,写作教学也必然带有综合性的特点。在对学生的作文训练中,会涉及多种因素的综合训练,如素材的积累、语言的运用、谋局布篇、写作思维等方面的训练,体现了写作教学的综合性。忽视其中任何一个重要的因素,写作教学都会受到影响。

(三)实践性

心理学研究表明,技能的形成与提高必须经过反复的实践。写作教学不仅要引导学生掌握写作的理论知识,积累大量的写作素材,更要帮助学生在大量的写作实践中将知识转化为技能,形成写作能力。长期以来,我国的写作教学有一种片面的看法,认为阅读决定写作,"读得多,就能写得好"。如果从素材的积累这个层面上说,这是有一定道理的,但是如果是从写作教学整体来说,就有其片面性。写作教学一定要有其实践性的一面,要通过反复的写作训练实践,才能形成写作能力。在学生的写作活动中,教师要给予学生系统、科学的指导,使学生的写作能力在诸多练习中形成并发展。

二、写作教学的理念

写作教学要在继承传统的写作教学经验的基础上,广泛吸收当代的写作教学思想,遵循写作教学的基本理念。

(一)引导学生体验生活,广泛阅读

生活的体验是写作源源不断的动力和源泉。学生的生活越丰富,体验越深刻,写作的基础也就越扎实。要不断地丰富学生的生活,以此强化学生的直接情感体验。要引导学生将目光投向身边的人和事,通过细致的观察、深入的思考,以此积累写作最丰富、最原始、最有生命力的第一手素材。此外,要拓宽学生的阅读视野。直接的生活阅历毕竟是有限的,要让学生在阅读中汲取养料,丰富写作素材,鼓励学生开展课外阅读,有意识地引导学生扩大阅读面,指导学生课外阅读的方法,经常性地组织学生开展各种阅读交流活动,深化学生对阅读的理解,使学生在阅读中感悟生活、体验人生。

(二)培养学生的写作兴趣和习惯

同其他一切兴趣一样,写作兴趣不是天生的,而是在后天的写作实践中不断形成和发展起来的。它是在对写作"需要"的基础上产生的。这种需要可以是学生对生活、社会理解的直接写作需要,也可以是社会的间接写作需要转化为学生的写作兴趣。

语文教师培养学生的写作兴趣,可以从以下三个方面着手:第一,丰富学生的写作知识,充实学生的写作内容,获得有关写作的知识经验,是学生对写作产生兴趣的基本条件。但是这些知识经验,不是空洞的内容,要让学生觉得写作是丰富多彩的活动,使学生体验到写作带来的愉悦。第二,加强师生交流,促进情感融合。兴趣是带有情感的个性意识倾向性。激发写作兴趣还得借助情感的作用,语文教师要善于营造融洽的师生关系,用充满情感的语言打动学生,增强学生对写作的情感体验。第三,运用多种有效的写作教学方法和教学手段。语文教师要善于改进写作教学的方法和手段,培养学生的写作兴趣。根据学生的年龄特点,有针对性地运用不同的写作教学方法,使学生在写作的过程中,体验到自己的成长、写作能力的不断提升。

良好的写作习惯,对学生的发展影响深远。英国教育家洛克说:"一切教育都归纳为养成儿童良好的习惯。"习惯是经过练习养成的某种自动化的行为活动,是一种心理意识

上的倾向性和惯性,是自我能动性的自觉体现。写作习惯,是中小学生写作素养的重要组成部分。

学生良好的写作习惯,是在长期写作过程中逐渐形成的。写作教学要注重培养学生观察、积累、审题、构思、选材、立意、表达、书写和修改习惯等,写作教学过程的每一个环节,都是一个习惯养成的过程。写作习惯的培养,要目标明确,注意克服不良习惯,反复实践,加强督促检查。良好的写作习惯一旦养成,学生就不需要意志力和外在监督,从而形成一种心理惯性。小学生处于写作起步阶段,良好的写作习惯可以为学生打下扎实的写作基础。良好写作习惯的养成,需要从小学到高中持之以恒,需要从课堂到课外始终如一。可以说,良好的写作习惯对写作能力的形成具有决定性的作用。

(三)培养学生的写作思维能力

思维能力是概括和间接地认识事物本质规律的能力,是写作能力的重要显现。叶圣陶老先生曾主张学生作文要"先想清楚,然后再写"。他强调指出的就是写作时要先"想",即要思考,再动笔,非常注重思维的训练。从小学到中学,学生思维的广阔性和深刻性、独立性和批判性、敏捷性和灵活性等思维品质快速发展,尤其是思维的独立性和批判性发展更为显著,学生逐渐学会独立思考。

写作教学要注重对学生思维的敏捷性、广阔性、灵活性、深刻性、创造性和批判性等特征的培养。首先,加强思维方法的训练。培养良好的思维品质,使学生做到全面地而不是片面地看问题,本质地而不是表面地看问题。其次,加强对学生进行语言的训练。学生的思维发展总是和语言分不开的,学生掌握大量的词汇和言语运用规则,并能准确、灵活地使用口头与书面语言表达思想感情,可以使思维活动清晰、系统和有条理性。再次,既要发展求同思维,也要多发展求异思维,限制心理定式的消极作用,培养学生多角度思维的习惯等。最后,要注重培养学生解决实际问题的思维品质。社会实践活动,是思维发展的源泉。

三、写作教学的方法

(一)命题作文

命题作文一般是教师出题,学生写作文。它是一种传统的写作训练方式,具有体现写作训练的意图和目标,使学生能有计划地严格训练。其弊端也很明显,不易写出真情实感,不易写出具体充实的内容。例如命题不当,容易使学生无话可说,出现闭门造车的现象,或是写出假话、空话的作文。叶圣陶先生也曾说:"我谓实际作文,皆有所为而发,如作书信、草报告、写总结，乃至因事陈其所见，对敌斥其谬妄，言各有的，辞木徒作。而学生作文系练习，势不能不由教师命题。学生见题而知的，审题而立意，此其程序与实际作文异。故命题必如学生所自发，彼本无所为，示之以题，彼即觉有所为，欲罢不能，非倾吐不可；如是乃可使练习与实际一致，见题作文与自发作文无殊。而作文为社会生活中不可缺少之技能，非语文教师将加于学生之作业，学生亦可历久益明习之益加勤奋。"

因此，在进行命题作文时，教师要注意学生的心理特征、生活实际和写作实际，注意题目的启发性和新颖性，不要因为命题抑制了学生的写作思维。此外，命题作文训练要注意写作教学的序列性。序列性包含两个方面：一是要和阅读教学相结合，做到相互促进；二是要注意写作教学自身的教学序列，做到循序渐进，科学性与系统性相结合。

（二）给材料作文

给材料作文是由教师给学生提供一定形式和内容的材料，让学生根据这组材料按要求进行作文，这实际上是一种半命题性质的作文训练，也有人将它看成是命题作文的一种变式，它有比命题作文训练更为灵活的优点。所给材料作文可以多角度立意，有利于培养学生的创新思维。这类作文训练按照提供材料的种类，可以分为两类，即图像材料作文和材料作文。

1. 图像材料作文

图像材料作文可以是指提供图画，要求学生根据图画的内容进行描述，或评述，或展开想象；也可以是影视评述，要求根据提供的电影，撰写观后感或评论文章。图像材料作文训练，有利于培养学生的观察、分析、联想、想象以及语表达等多种能力。图像材料作文要引导学生首先从整体上观察图像，获得对图像的全面认识，再从局部观察，进入图像细节。结合图像内外的文字说明，揭示图像要表达的主旨。要在理解图像的基础上，将图像中的现象和现实生活联系起来，展开各种联想和想象。

2. 文字材料作文

文字材料作文是提供给学生一定的文字材料，同时提出一定的写作要求，让学生依据材料，按要求进行写作训练。和图像材料作文一样，这类写作训练可以训练学生思维，相对于命题作文而言，更为开放。这类作文训练的方式繁多，下面对五种主要方式进行介绍。

（1）仿写

仿写，就是模仿范文写作。它可以是内容上的模仿，如模仿文章的中心、立意等；也可以是形式上的模仿，如模仿文章的开头、结尾等。仿写有利于读写结合，要注意避免生搬硬套，防止机械模仿。教师要将进行的仿写训练与学生已有的经验进行匹配。由于学生的学习背景不同，每个学生对仿写的原型理解是不同的。写作能力强的学生，在仿写过程中总结概括能力强,可以通过仿写,主动地总结出一套行之有效、符合个人特点的写作程序,并经巩固后进入长时记忆,形成写作素养。而程度较差、学习不主动的学生,总结概括的能力较差,只会被动地接受知识,不习惯去钻研或发现仿写中的规律,他们从仿写中形成的写作能力就较为有限。语文教师要尽可能地让学生在已有的写作经验基础上,进行新的仿写,使每一个学生都能较好地从仿写中训练写作能力。

此外,在仿写中,教师要注意对学生创造性思维的培养。如果学生只是对现成习作进行模仿,这对于写作能力较差的学生或许是较为有效的一种建立"原型"的方法。由于"模仿"强调给学生准则,学生容易按部就班,对于一些写作能力较强的学生,有些内容学生原本是可以靠自己分析形成,教师如果过于主动地展示模仿对象,使得学生只要模仿和接受就可以完成任务,这对于培养学生想象空间和创造力是不利的。

(2)缩写

缩写就是对提供的材料进行概括和压缩,它要求既要保留文章的主要观点和内容,又不能改变文章的结构和体裁等,不能写成读后感。缩写后的文章必须能连贯、完整、准确地反映原文的内容,文章的语言可以自己组织,也可以摘录原文。缩写训练,既有助于培养学生的阅读理解能力,又可以提高学生的分析概括能力。摘录、删除和概括,是缩写的基本方法。

(3)扩写

扩写和缩写相反,扩写是对原材料进行扩展,可以是对故事情节的扩充,也可以将一个论述提纲扩展为一篇具体完整的议论文。进行扩写,一般不改变原材料的思想内容和结构,不改变原材料的人称、体裁以及语言风格,不可以任意发挥,牵强附会。扩写首先要读懂原文,抓住文章的中心,展开合理的想象,使扩写的内容自然、流畅,使原文比较简单的内容变得生动、形象。扩写训练有利于开阔学生的思路,培养学生联想和想象的能力,发挥学生的创造力。

(4)续写

续写是为提供的材料写续文,一般用于记叙文的写作训练。续写和扩写、缩写一样,首先要钻研原文,将原文读懂、读透,根据原文的基本内容和情节,依照其已有的行文线索和思路,对原文进行续写。要紧扣原文的中心,甚至使原文的主题进一步深化,语言风格要保持和原文一致,过渡衔接要自然,所补充的新内容和情节,要延伸原文的意义。续写可以激发学生的写作兴趣,培养学生的想象力和创造力。

(5)读后感

读后感是在小学生作文训练中,较为常用的一种方式。学生阅读提供的材料,对材料进行深入分析，写出自己的读后感想。提供的材料可长可短，可以是一段话，也可以是一本书。形式上也可以是多种多样，记叙、议论或说明都可以。写读后感，关键是要读懂材料的深刻含义，选准"感"的角度。读后感重在感悟、感想，一般要跳出材料，联系社会和生活谈感想。读后感对于培养学生的阅读理解能力、逻辑思维能力和语言表达能力都是较好的训练方式。写读后感要注意感想和感悟都是材料主题和内容的自然延伸，不可以牵强附会、不合逻辑。

（三）自由作文

自由作文是由学生自行拟定题目，自主作文的一种训练方式。可以说，自由作文是最符合写作本源意义的训练方式。这种作文训练方式，学生所受限制较少，学生可以较为自主地进行写作，可以触景生情，写人、记事，也可针砭时弊等，避免了没有东西可写的矛盾，对于调动学生的写作积极性和写作兴趣，发挥学生的创作个性都能起较好的作用。

自由作文由于要对自身生活中的写作素材进行选择，选择的过程也是对美好事物和对象的甄别过程，这有利于培养学生的审美情趣和审美能力，有利于深化学生对社会、生活的认识和理解。自由作文不容易形成写作训练体系，相比命题作文而言，其训练的目的性和计划性不够明显。自由作文主要形式有自由拟题作文、日记、笔记、稿件以及小创作等。总之，写作训练的各种方式都各有其特点。在写作训练过程中，要综合运用多种训练形式，整体把握，有效训练。

此外，还要注意以下三个方面。第一，写作训练可以先进行单项技能训练，将片段训练与综合训练相结合。例如，练习写人，可以单独练习写肖像外貌、动作、成长过程、对话、细节、场面、心理活动等。不要总让学生写整篇文章，特别是低年段的学生，可以"先分后合"的方式，让学生写作训练从局部到整体。第二，可以对写作全过程进行序列化的专项分解训练，观察事物、搜集资料、构思立意、编写提纲、选材剪裁、谋局布篇、修改文章等均要一一训练。第三，课堂写作训练要重质量，不应简单地求数量多，一篇文章反复修改几遍，直到学生修改能达到的最佳水平才罢休。这比写几篇文章却又随随便便评改，训练效果要好许多。自由材料，要求写几篇立意不同的文章或者同一对象，要求写不同体裁的文章，都是较好的训练方式。

第四节　小学语文口语交际教学设计

口语交际教学是学生在教师的组织和指导下,通过具体交际情境的创设与口语交际活动的开展,规范口语表达、提高口语交际能力和提升交际素养的教学活动。口语交际能力是学生语文能力的重要体现,是现代公民必备的能力。从语言发生的角度来说,口语先于书面语,使用口语进行交际是人类最重要的交往活动。口语交际教学既是语文教学的一项基本内容,也是时代赋予语文教学的要求。我们应当充分认识到口语交际教学的重要性和迫切性,以切实可行的策略和方法,组织学生进行丰富多样的口语交际实践,形成良好的口语交际能力。

一、口语交际教学的策略

教学策略的选择直接关系到每一类型口语交际教学的效果,每一类乃至每次口语交际教学过程主要从以下五方面来运用其有效策略。

(一)确立话题策略

口语交际是基于一定的话题、以口头语言为载体,开展的交际双方互动的信息交流活动。教师要进行口语交际教学,首先要选择恰当的话题。话题的确立应考虑其价值、难易程度等因素,话题的内涵应是多元的,形式应是开放、贴近现实生活的,在进行口语交际教学时,可以灵活选用教材中设计的口语交际话题,引导学生围绕话题进行专项训练,例如,现行语文教材密切联系学生的生活世界和想象世界,选编了许多使每个学生都有话可说、有话要说的教学模块内容,如小学的"学会祝贺""爱吃的水果""认识标志"等说话模块,都为学生准备了"口语交际"课的话题参考。教师也可以从教材的阅读、写作内容中,提取话题,进行延伸训练,提高学生思维的广度和深度,巩固和提高阅读教学和写作教学的效果。同时,还可以跳出教材,直接从家庭、学校生活以及学生熟悉、感兴趣的社会热点中,选择话题,引导学生展开讨论、评析时事、针砭时弊,既有利于学生口语交际能力的提高,也有利于扩大学生的知识视野,全面提高语文素养。

(二)创设情境策略

口语交际是在特定的情境中产生的言语活动。在确立话题后,就需要教师精心创设特定的交际情境。口语交际教学活动,主要应在具体的交际情境中进行。

教师要大胆创新，因时、因地、因人制宜，创设生动有趣、符合学生心理年龄特征的情境，让学生形成一种亲历感、现场感和对象感，自然而然地产生强烈的交流欲望和真正的情感体验。这种具体的交际情境，可以是真实发生在课堂的问题式、讨论式等交际情境，也可以是模拟真实生活的交际情境。创设的情境要力争人人参与，让每个学生都能得到锻炼的机会。例如，新学期班上来一位新同学，教师便及时捕捉时机，要求以欢迎新同学为主题，请每个学生发言。这样，学生就处于具有实际意义的交际情境中，引发真情真话。

此外，创设情境的方式是多种多样的。第一，可以用生动的语言描绘情境。教师用富有感染力的语言，为学生创设生动的情境，能使他们积极主动地融入角色，找到情感共鸣点，产生情感回应，调动表现欲。第二，教师也可以在课堂上联系学生的日常生活和经验进行场景的布置，利用影像、录音机、多媒体、网络等各种现代化教学设备，创设具体直观的交际情境，使学生兴趣倍增，情绪高涨。第三，通过让学生进行角色表演，进入交际情境。爱表现是学生的天性，在真实的表演中，学生的情感能自然流露，交际的欲望十分强烈。因此，教师可以将课文内容改编成情景剧，将静态的口语交际内容变为以交际为目的动态内容，让学生边表演边进行口语交际。第四，教师还可以在课堂中模拟家庭生活、社会生活等，再现真实情景，激发学生的好奇心和兴趣。

（三）多元互动策略

口语交际是听与说双方的互动过程。参与交际的人，不仅要认真倾听，掌握对方说话的要点，而且要适时表达自己的意见和想法，随机应对。正是在双向或多向互动中，口语交际的双方实现语言信息的顺畅沟通与交流。一旦一方停止发送信息，交际也就中断，"互动"是口语交际教学，区别于听说教学的最大特征。即使像报告、演讲等独白式交际也需要互动，听者和说话者也要有表情的回应。

口语交际教学的互动方式有许多，常见的有三种。一是师生互动。这要求教师转换传统的权威角色，与学生平等交流，鼓励学生表达的欲望和思想的火花。二是生生互动，这是同桌之间、前后桌学生之间、小组成员之间相互合作、交流沟通的方式。在编排组合时，要考虑学生之间的合理搭配。三是群体互动。这是班级小组与小组之间或全班学生共同参与的活动方式，也可以拓展到班级与班级之间，班级与学校、家庭之间更广阔的口语交际方式。无论是哪一种互动的方式，学生与其他互动的成员之间都是相互协调、有机组合的。这种师生之间、生生之间和群体之间的互动关系，也不是为了完成口语交际某一阶段的话题暂时维系的，而是为了培养学生口语交际能力而稳固构筑的，贯穿课堂教学的全过程。多元互动策略要遵循以人为本的理念，关注每一位学生的发展，让每一个学生都成为交际的主体，教师不能只看互动学生的热闹表象，有些学生或因为个性内向，或受先天条件限制，不善于口头表达。久而久之，他们容易丧失表达兴趣，也容易被忽视。他们更需要得到教师和同学的关心、尊重和信任。因此，教师要在课堂上建立师生之间、生生之间平等和谐的人际关系，尽量为他们提供口语交际的机会，经常鼓励他们尝试和参与，共同形成一个轻松、自主的交际课堂，保证口语交际互动路径的畅通。

（四）示范指导策略

学生口语交际的内容、方式和语言形式还比较粗疏，其口语交际态度、习惯和能力等正在形成发展过程中，而教师的言谈态度、习惯和风格个性都会在潜移默化中对学生产生很大影响。因此，在口语交际教学中，教师的示范极为重要。首先，教师要身体力行，以自身规范的言语行为作为学生的表率。在课堂教学中，教师优雅得体的手势表情、敏锐准确的倾听水平、简洁明快的教学语言以及丰富多彩的表达风格与习惯，都是学生口语交际训练的直接示范。因此，教师要提高自身的口语交际素养，处理好教学中的口语交际与平时口语交际的关系，使课堂教学语言既有教师语言的共同美感，又具有个人风范，从而真正成为学生学习口语表达的对象和楷模。此外，教师在生活中的口语行为，也应规范得体，不能课堂普通话、下课本地话，课堂文明话、下课粗俗话，这样会对学生的口语交际行为产生误导，不利于学生文明得体的口语交际习惯的形成。

同样，教师的指导十分重要，这种指导主要包括三个方面。一是指导学生倾听。例如，在指导学生专注耐心地倾听时，要结合具体典型案例，甚至教师亲身示范等，让学生明白怎样才是专注耐心，然后在具体情境中让学生实践和感受，学会专注耐心地倾听。二是指导学生表达。要加强学生普通话水平的训练。无论是在课堂教学还是课外活动，无论是与学生讲话还是和教师交流等，都要求学生使用普通话。在学生出现发音不标准、用词不当、语序颠倒或语意不畅时，教师应及时提醒和矫正错误，使学生逐渐形成按规范讲普通话的自觉性与主动性，指导学生讲话文明有礼。适时、适当地使用文明礼貌语言，能给人以亲切、和蔼、大方和有教养的感觉，能营造一种健康、积极、和谐的交际氛围，指导学生有条理地表达。教师要引导学生在说话时先提纲挈领地亮出自己的观点，然后迅速整理思路，围绕观点进一步思考从具体的几方面来选择内容和组织语言，做到有理有据。三是指导学生交际技巧。比如，如何在交际的最初几分钟迅速打动对方？面对尴尬场面如何处理？要指导学生恰当地用交际中的无声语言，如表情、手势、动作等，强化口语的表达效果。在口语交际时，要求学生神情自信、自然，目光坦诚，切忌左顾右盼、心不在焉或居高临下、目中无人。此外，还要指导学生根据交际对象、场合和语境的不同，适时调整自己，提高自控能力和应变能力等。

（五）评价反馈策略

评价反馈，是任何学科教学内容都不可缺少的一个重要环节。口语交际教学也应重视评价反馈策略，建立自己的评价机制，以便对口语交际活动及时进行反馈与改进。《小学语文新课程标准》在评价建议中指出："评价必须在具体的交际情境中进行，让学生承担有实际意义的交际任务，以反映学生真实的口语交际水平。"这是口语交际教学进行评价反馈的指导思想，也提出了口语交际教学评价的策略和方法。不仅如此，《小学语文新课程标准》还针对不同学习阶段的特点，从学生的参与意识、情意态度和表达能力等方面来规定评价的标准。

在口语交际教学中，评价的主体也应多元化，可以是教师评价、学生自评和学生互评等相结合，甚至还可以让家长参与到评价中来。在评价时，要尽量以鼓励为主，多从正面加以引导，呵护学生参与口语交际的积极性与主动性。对在活动中表现优异的学生，要及时表扬，给予充分肯定；对于正在进步的学生，则可以提供一些实质性的改进意见。评价学生不能只说"很好""不错"之类笼统的话语，而要准确到位地说出优缺点，如"你的声音很响亮，吐字清晰""表达流利连贯，比以前有了进步""观点很独特，很有见解""如果语速能够慢点效果就会更好"等。这样，在每一次口语交际活动中，学生都能得到具体而富有建设性的反馈信息，以便及时发现和改进不足，逐步提高交际能力。

二、提高学生口语交际能力的途径

口语交际能力的形成，需要落实在具体的交际实践中。口语交际教学渗透在语文教学的各个环节当中，不能狭隘地理解为课堂教学或口语交际专题课。因此，口语交际教学的途径是多种多样的。下面从口语交际课、阅读和写作教学、生活实践三个方面进行具体论述。

（一）在口语交际课中培养口语交际能力

口语交际是语文课程中的重要学习内容，和阅读、写作一样，口语交际应当进行专项训练。在进行专门的口语交际教学时，要根据课程标准的要求、教材内容的编排和学生实际，合理设计和安排，使学生的口语交际训练能系统、集中、有序地开展，保证教学的高效进行。

1. 循序渐进地安排各学段的教学重点

教育家夸美纽斯在论述循序渐进的教学规则时指出："一切功课的排列都要使后学的功课能够依靠先学的功课，要使一切先学的功课能够靠后学的功课固定在心里。"口语交际教学也应该依据循序渐进的原则,有序地确立教学重点,安排教学内容。《小学语文新课程标准》中有关不同学段的要求和目标,就体现了循序渐进地提升学生口语交际素养的特点。因此,教师要掌握小学不同阶段口语交际教学的目标,通盘考虑,统筹安排,要求由易到难,内容由简单到复杂,形式由单一到综合,逐步提升学生的口语交际能力。在口语交际能力的培养上,从小学低年级、小学高年级至初中、高中的教学特点,分别应体现出从口语基础技能、参与各类交际活动到研究各类交际与媒体问题为主的纵向深入的特点。在口语交际内容的选择上,从小学到初中再到高中,应体现出交际情境的创设分别以家庭生活、学校与同伴生活以及社会与职业生活为主的横向拓展特点。一位教师在实践中,总结出螺旋式上升的五个阶段的口语交际教学设计。第一阶段,想办法让学生"开口说";第二阶段,教会学生"怎样说";第三阶段,帮助学生"找话说";第四阶段,鼓励学生"大家说";第五阶段,激励学生"自由说"。

2. 创造性地使用教材内容

与以往教材相比,现行语文教材比较重视口语交际教学,安排了较多的口语交际训练。教师应充分利用教材中安排的口语交际内容,使之在口语交际专项训练中发挥重要作用。比如,自我介绍、看图说话、复述故事、讲故事、讨论演讲、辩论、采访等活动,都为教师设计口语交际课提供了形式多样的参考。教师首先要认真研究,准确把握教材,珍惜每一个专项安排,尽量用好教材中现有的教学资源。但教材提供的内容往往不够具体,未必切合各地教学实际。因而,教师不能拘泥于教材内容,僵化操作,而要根据学生特点和地方实际,适当地进行增删调整,灵活、创造性地使用教材,优化教学效果。

3. 选择适当的教学方法

在进行口语交际教学时,针对不同的内容,精心选择灵活的教学方法,会使学生具有积极的参与状态。口语交际教学的方法丰富多样,根据不同的活动形式划分,有问答法、讨论法、模仿法、表演法、复述法、讲解法、诵读法等;根据不同的教学范围划分,有全班式、小组式、个人式等。针对不同的教学内容、不同的学生和不同的教学条件,教师应选择合适的教学方法,切实提高学生的口语交际能力。例如,小学生生活阅历比较少,认识能力不够强,知识积累和语言基础较弱,宜采用诵读法、看图说话法、问答法、游戏法等,以此激发学生的兴趣,树立交际的信心,培养能力。教学方法不仅要因学段而异,还要因学生而异。对待学习态度不端正和学习能力偏差的学生,宜采用个别指导法;对于学习能力较强的学生,要鼓励其自主学习,有助于实现更高的目标和要求;语言能力强的学生,可以采用讨论法,促使他们提升口语交际技能;语言能力弱的学生,可以采用诵读法和模仿法,加强练习机会;场依存型学生,可以用讨论法打开思路;场独立型学生,可以使用问答法、表演法等发挥优势、取长补短等。实际上，在某一次具体的口语交际课中，往往不只是采用单一的教学方法，而是多种方法相结合，才能取得好的教学效果。

（二）在阅读和写作教学中培养口语交际能力

阅读和写作教学，是师生和生生进行交往互动的过程。语文教师不能只凭口语交际专项训练来发展学生的口语交际能力，而应当将口语交际教学意识渗透在语文教学的全过程中。通过长期感染和熏陶，潜移默化地提高学生的口语交际能力。

1. 结合诵读进行口语交际训练

诵读是学生口头表达的基础，它既能让学生积累规范的语言，又能让学生体验到规范语言的价值。诵读具体分为三种，即朗读、朗诵和背诵。通过朗读，可以培养学生敏锐的语感，丰富口语材料，锻炼口才。重视朗读训练，要让学生多听录音和教师范读。通过直观感受语气、语调的变化，去深刻感受语言的情感，要让学生在理解课文的基础上，学会将作者的思想感情转化成自己的口头语，去充分发挥。例如，个别读、齐读、轮读、分角色读等，都是口语练习的好形式。还要通过生生和师生对朗读的评价，来提高朗读能力，展开你来我往的口语交际过程。朗诵，是一种较高层次的口语训练。它以有感情地朗读为基础，要求创造性地运用停顿、重音、语调、语速，辅以手势、眼神、身体动作和面部表情等体态，将朗读艺术化。背诵，是一种传统的口语训练形式，既可以积累大量语言材料，又可以强化记忆能力，还可以锻炼口头表达能力。背诵训练是指导学生在理解的基础上记忆，不要死记硬背。此外，背诵训练还要教给学生识记的方法，如尝试重现背诵法、整体背诵法、分部背诵法、综合背诵法等。

2. 结合复述课文进行口语交际训练

复述课文是指让学生用自己的语言和课文中的重点语句，把课文的内容有条理、有重点地表述出来。它不是像背诵课文那样照着原文背下来，必须是在学生理解、消化课文内容的基础上才能实现，是一种对语言的再创造。因此，复述课文是口语交际训练的重要方法。在教学中，要根据课文内容、体裁特点、学生的实际和口语交际要求，确定复述的内容和形式。既可以复述段落，也可以复述全文；既可以详细复述，也可以简要复述；既可以按照原文复述，也可以创造性复述。在复述时，要按照一定的顺序，突出重点内容，详略得当，还要有条理、有感情，尽量使用课文中的重点词语和典型句式。在复述时，教师可以运用口语交际的方式进行必要提示，启发学生的思维，帮助他们回忆故事内容和情节，从而降低复述的难度。这样既形成了复述能力，又训练了口语交际技巧。

3. 结合提问讨论进行口语交际训练

思维的发展是从发现问题开始的。教师或学生提出一定的问题，然后围绕这个问题展开讨论，师生一起分析问题和解决问题，是课堂教学最常用、最有效的手段，也是训练学生口语交际能力的重要方式。在教师的引导和鼓励下，学生在感知和理解课文的过程中，不懂就问，敢于提出问题。有了问题后，学生通过阅读文本、查阅资料等积极思考，大胆地发表自己的见解和看法。为了完善和提升自己的认识，学生经常需要与同伴讨论，进行小组合作，找到解决问题的好办法，而教师在课堂上因势利导，于学生疑惑处启发、思维阻塞处疏导、学习关键处点拨，通过师生之间、生生之间的相互交流和讨论，不仅加深了对文本的理解，提高了学生分析和解决问题的能力，而且促进了学生思维能力的发展，训练了学生的口语交际能力。

4.结合民主评议进行口语交际训练

在民主、开放的语文课堂上，师生是平等交流的，学生有充分展示个性的机会。这要求学生不仅要积极思考判断，提出自己的观点，还要特别留心倾听别人的朗读和发言，提出不同的看法，做必要的补充。在评议时，首先，要求学生用心倾听别人的朗读、发言和答问，不要随便打断别人的话题，注意交际礼貌。然后，积极思考和判断，对话题进行补充，提出不同的意见。在评议时，对别人提出的意见既要采取悦纳的态度，又要进行必要的争论，保持自己独立的思想。学生对教师、同学读书和回答问题等情况，发表自己的见解，说出自己的看法，被评议的学生可能虚心接受，也可能针锋相对地坚持自己的意见，这样自然形成你来我往的互动过程。在这一评议过程中，学生不仅深化了对文本创造性的理解，而且能逐渐形成相互交流、大胆争辩的口语交际能力，提高口语交际的信心。因此，教师应当重视将评议贯穿整个课堂教学过程。

5.结合填补空白进行口语交际训练

由于表达的需要，课文中会出现情节跳跃、内容省略的现象。在有些课文中，还有令人遐想的立意、耐人寻味的结构、意犹未尽的语言，有些课文标题就能够引起读者丰富的联想。教师要善于抓住这些内容，用口语交际填补空白。填补空白的形式有多种：一是对关键词句填补空白。在课文中，有些词语比较抽象，概括性强，而有些人物的语言非常简洁明快。在教学时，可以让学生对或抽象或简洁的语言展开合理加工和想象，让简约的语言更丰富，让抽象的语言更具体。

例如，《小摄影师》一课里，高尔基说："请转告他，我很忙。不过，来的如果是个小孩子，就一定让他进来。"这句话留给学生极大的想象空间。教师可以根据高尔基说话的内容，设计相关的训练，让学生顺着课文情节，展开合理的想象，将课文内容做适当延伸。例如，"你觉得小摄影师会来吗？请说说理由。""假如小摄影师真的来了，高尔基会怎么做呢？小摄影师又会怎样说呢"。在自由准备后，可以与同桌互说，自然贴切地进行口语交际训练。

二是对省略内容填补空白。在写作上，不少作者会采用详略结合的方式，有时因表达的需要甚至会将一部分内容省略。在利用课文这些"空白"进行口语交际训练时，可以让学生先进行合理的想象，再把略写或省略的内容说具体，说完后请其他学生补充、评价，让学生借助这一载体充分经历互动的过程。例如，《项链》一文的结尾戛然而止，那一串省略号意味深长，给读者留下了无尽的悬念和思索。教师可以让学生续一个结尾来激发想象力，培养口头表达能力。

6. 结合口头作文进行口语交际训练

说和写有着密不可分的关系，口头作文就是一种兼具写作和口语交际功能的言语活动。口头作文要求当众述说，这使学生在表达时语音、语速、措辞、语态和情感等方面都可以得到锻炼，对学生口语交际能力的提高大有帮助。在口头作文前，教师可以适当地教给学生一些口头作文的技能技巧。例如，如何注意话题语境的把握，措辞如何简洁明了；如何才能使语言生动形象，说出的话有中心、有逻辑；说话时如何配上适当的表情、手势等。教师要注意口头作文的选题，学生对话题有了兴趣后，才可能有表达的意愿，主体意识就容易被调动起来，进而积极地参与到活动中来。在口头作文时，学生要思考三个方面，做到迅速构思。一要确立中心，明确自己的观点和态度。由于构思时间短，必须想好自己说些什么，并确立文章中心。二要从实际出发，为作文寻找一个恰当的切入点。三要注重结局的简洁明快，做到首尾呼应，会使口头作文更加完整。为了克服述说口头作文时的紧张心理，学生要对文章的结构和内容有必要的准备。事先做到心中有数，才会充满信心和勇气。在评讲口头作文时，教师应当侧重分析学生口语表达的情况，有针对性地对他们的口语表达予以指导和讲评，帮助学生解决在系统、连贯地讲话时所遇到的各种困难，真正提高他们的口语交际能力。

（三）在生活实践中培养口语交际能力

《小学语文新课程标准》中指出："鼓励学生在各科教学活动以及日常生活中锻炼口语交际能力。"因此，培养学生的口语交际能力，不仅要加强学科之间的联系，将其融入各学科的教学之中，还应当充分利用学生丰富多彩的日常生活，组织各种有价值的活动，为学生增加口语交际的实践机会。

1. 在学校生活中锻炼

教师可以利用语文课以外的时间，在学校开展一些活动来进行口语交际训练。例如，处理班级和学校一些热点问题、突发事件，组织班级活动，开展主题班会讨论会、校园广播站，甚至利用电影、电视节目进行口语交际训练。在开展这些活动时，可以把主动权交给学生,让学生运用自己的聪明才智去安排活动、设计方案、制定规则和完成活动。这样既丰富了学生的课外生活,提高了学生的实践能力,又锻炼了学生的口头表达能力,增强了学生之间的交流与情谊;教师还应有意识地利用课余时间让师生之间和生生之间有更多的交流机会,随机进行训练和提高,创造机会,抓住每一个机会使学生得到口语交际的锻炼。

2. 在社会生活中锻炼

现实社会生活中蕴含着取之不尽、用之不竭的口语交际资源,让口语交际和社会生活紧密联系,为学生创造一个口语交际的广阔天地,既能使学生学到在课堂上学不到的知识,又能在实际应用中提高口语交际的能力。因此,教师应该引导和组织学生在社会交往中,开展各种口语交际实践活动,例如,可以组织学生走出学校,去参观或者访问风景名胜、博物馆、科技馆、展览馆等,参加一些社会宣传活动和服务活动,参加社区的各种有益活动,进行社会调查了解当地的经济、文化情况等。学生可以在日常生活具体的交际情境中,进行训练,如去超市购物、到市场买菜、问路、借东西、和亲朋好友交流、当小记者去采访等。通过观察和体验真实的生活,学生由学校走入社会,提高在社会实践中运用语言的能力,同时也逐步学会如何去关心周围的人和事,开阔视野,为学生将来走向社会,进行交际活动打下良好基础。

3. 在家庭生活中锻炼

家庭生活是学生形成口语交际能力的重要土壤。教师应当利用家长会、个别交流等方式,经常和家长沟通,提高学生的口语交际能力。首先,要营造宽松和谐的家庭氛围。民主的家庭,往往能营造和谐宽松的家庭氛围。孩子常被作为一个独立的个体得到尊重,他们有较多的机会参与家庭交往,在家庭决策中发表自己的观点,他们也会心无芥蒂地将自己的经历和想法与父母交流,并得到理解与耐心的指导。正是这样的家庭氛围,使孩子们想说、敢说,最终会说,而在冷漠、粗暴、紧张和强制的家庭氛围中,孩子出于自我保护的本能,不敢也不愿与父母沟通,久而久之就丧失了交际的兴趣。另外,家长要掌握必要的口语交际技巧。当孩子产生了口语交际的兴趣后,家长要引导孩子掌握倾听、表达和交流的口语交际技巧,使孩子养成良好的表达习惯,如说普通话的习惯、正确流利地表达的习惯。在表达时,孩子难免会出现言不达义、重复啰唆的现象,有时还会出现一些不规范的说法,如把"糖"说成"糖糖",把"睡觉"说成"睡觉觉"。家长要耐心指导,帮助他们纠正,使孩子逐渐形成良好的语感,表达也会日趋正确和流利。当然,在指出孩子表达中的问题时,家长不可操之过急,应以孩子能够接受为前提。家长还可以引导孩子根据不同的场合,选择不同的表达方式,使自己的表达更贴切。例如,用"还可以用什么词语""还可以怎说"等鼓励性的话语,调动孩子的记忆储存信息,体现表达的灵活性和丰富性,提高孩子的表达水平。

总之,学生在社会生活中,与人交际的机会随时、随处都有,关键是要抓住每一个机会让学生在生活实践中加强锻炼,逐步学会倾听、表达与交流,把学校与家庭、社会有机地联系起来,共同为提高学生的口语交际能力创造条件和机会。

第五节　小学语文综合性学习教学

2001年颁布的《基础教育课程改革纲要》设置了综合实践活动课程,旨在"强调学生通过实践,增强探究和创新意识,学习科学研究的方法,发展综合运用知识的能力。增进学校与社会的密切联系,培养学生的社会责任感"。这被誉为"我国基础教育课程体系的结构性突破"。《全日制义务教育语文课程标准(实验稿)》第一次出现了"综合性学习"的概念,作为一个新内容,将之与识字与写字、阅读、写作、口语交际四个传统的语文教学内容并列,指出综合性学习是用以"加强语文课程与其他课程以及与生活的联系,促进学生语文素养的整体推进和协调发展"。可见,语文综合性学习是一种新型的课程内容与学习形态,区别于传统的语文活动,也不是单纯的研究性学习。它和识字与写字、阅读、写作、口语交际共同组成语文学习的五大板块,是语文学科的重要组成部分。

一、语文综合性学习的内涵

关于语文综合性学习的内涵,学术界有不同的看法。有学者认为,语文综合性学习是以语言课程的整合为基点,加强语文课程与其他课程的联系,强调语文学习与生活的结合,以促进学生语文素养的整体推进和协调发展。也有学者认为,不应该局限于从学科角度理解语文综合性学习。综合性学习作为一种相对独立的课程组织形态,它超越了传统单一学科的界限,按照水平组织的原则,将人类社会的综合性课题和学生关心的问题以单元的形式统一起来。通过学生主体、创造性的问题解决学习过程,有机地将知识与经验、理论与实际、课内与课外、校内与校外结合起来,以提高学生综合性解决问题的能力。两类看法的主要分歧在于,综合性学习是否要凸显学科特点。

《小学语文新课程标准》提出:"语文综合性学习有利于学生在感兴趣的自主活动中全面提高语文素养;是利于培养学生主动探究、团结合作、勇于创新精神的重要途径。"语文综合性学习不仅是语文学科中的重要组成内容,是五大板块之一,还应该凸显语文学科的特点。"综合"是语文综合性学习最重要的特征,但这个"综合"是在语文中的综合。

(一)语文综合性学习是语文学习内容的综合

这方面的综合包含了语文学科内容的综合、语文与其他学科的综合、语文与生活实践的综合。

1. 语文学科内容的综合

语文学科内容的综合,主要是指听说读写的综合。《义务教育语文课程标准(2011年版)》中反复强调"语文学习应注重听、说、读、写的相互联系",综合性学习主要体现为"语文知识的综合性运用,听、说、读、写能力的整体发展""加强语文课程内部诸多方面的联系",这体现了语文综合性学习作为语文学科重要组成内容的特点。叶圣陶先生曾指出:"我们一方面要让学生善于说,另一方面要使他善于听。读和写呢?读就是用眼睛来听,写就是用笔来说。反过来说,听就是读,用耳朵来读,说就是写,用嘴巴来写。所以现在的语文教学,要把听、说、读、写四个字连起来。"教育家张志公也曾说:"听、说、读、写各有其不同的特点、功能与规律,不能互相代替。四种能力又是相互依存、相互制约、相互促进的,不可割裂开来,有所偏废,顾此失彼。"因此,语文综合性学习,首先要注重语文学科内容的综合。

2. 语文与其他学科的综合

语文与其他学科的综合,指的是与其他各学科的知识相互打通、综合、重组与提升,学生通过综合运用各学科知识,不断探究、学习和发展。语文与其他学科的综合,打破了学科之间的壁垒,改变了过于强调学科本位的状态,体现了课程综合性发展的必然趋势。《义务教育语文课程标准(2011年版)》中指出:"语文教学应密切关注现代社会发展的需要,拓宽语文学习和运用的领域,注重跨学科的学习和现代科技手段的运用,使学生在不同内容和方法的相互交叉、渗透和整合中开阔视野。"这正充分体现语文作为基础学科,与其他学科密切相连的特点。而语文综合性学习正是充分发挥了语文学科的这一特点,让学生在更广阔的空间中学习语文,更好地培养语文素养。

3. 语文与生活实践的综合

语文与生活实践的综合,则是基础教育课程改革强调的发现、探究学习在人发展中的价值的体现,语文是实践性课程,要让学生能够在生活中运用语文,首先就要让学生在生活中学习语文、运用语文。语言本身就是从生活中来的。作为用语,学习资源和实践机会无处不在,无时不有。应该让学生多读、多写,日积月累,在大量的语文实践中体会和把握运用语文的规律。学生根据在生活中学习到的语言,建构自己的语文知识系统,再根据自身的特点,运用语文。

（二）语文综合性学习是语文学习方式的综合

传统的语文教学更偏重于学生的接受学习，而语文综合性学习是基于学生的直接经验、密切联系学生生活实际、体现对知识的综合运用的过程，是充分实践《语文课程标准》倡导的自主、合作、探究学习方式的过程。因而，也更强调学习方式的综合，强调个体独立学习与同伴合作学习相结合、接受学习与探究学习相结合、理论学习与实践学习相结合、课内学习与课外学习相结合。学习方式的综合，更体现为学习方式的多样化，由传统的知识"传递—记忆"的方式，转化为多元化的方式，如"观察—表达""问题—解决""活动—探究"等方式。

综上所述，语文综合性学习，是学生在语文实践活动中，综合运用语文知识，整体发展听、说、读、写能力的过程；是语文课程与其他课程沟通融合的过程；是学生在生活实践中，运用语文知识的过程。其根本目的，是使学生的语文素养获得全面、协调的发展。

二、语文综合性学习的功能

作为一种新型的课程内容和学习形态，语文综合性学习拓宽了语文教育的空间，拓展了语文学习的领域，在培养学生方面具有以下五个方面功能。

第一，有利于学生体验成功的快乐。语文综合性学习多样的形式，给学生提供了一个展示自己能力的平台。在完成学习任务的过程中，他们可以获得成功的体验，从而得到快乐。语文综合性学习评价，是多元化的，是以促进学生发展为目标的，这就从不同侧面、不同层次肯定了学生，让学生有了更广阔的发展空间。在自主状态中，学生更能体验到成功感。

第二，有利于提高学生的语文综合能力。语文综合性学习要求学生阅读、写作、口语交际，这有利于培养他们的语文综合能力。学生参与语文综合性学习，在做活动准备的阶段，要阅读丰富的材料，开展了搜查、筛选等活动，锻炼了阅读、理解和判断等能力。在开展探究活动时，学生要走进大自然、走向社会，要与人交往，锻炼了观察和表达能力。在进行材料提炼、成果形成的过程中锻炼了写作能力。在进行交流汇报时，听、说、读、写能力都要综合运用。在整个综合性学习的过程中，更要综合运用各种语文能力。

第三，有利于学生个性化的发展。语文综合性学习充分尊重学生的兴趣、爱好，为学生的自主性的充分发挥开辟了广阔的空间。综合性学习的组织，是以学生的个性化体验为核心的，鼓励学生自主选择学习内容及方式，教师仅是活动的建议者、组织者和协助者。综合性学习的开展，更多关注活动的过程与方法，尊重学生个性化的学习方式和学习风格，尊重学生独特的体验过程、体验方法和体验结果。综合性学习的成果展示也是个性化的，学生可以自主选择调查报告、演讲、文章或小品等各种形式，更好地表现自我。语文综合性学习的评价，也是指向促进学生个性化发展的。《语文课程标准》中指出，"要充分注意学生在问题解决过程中所采用的思路和方法。对不同于常规的思路和方法，尤其要给予足够的重视和积极的评价。"

第四，有利于培养学生合作探究的能力和良好的学习习惯。语文综合性学习要求学生自主和合作相结合，并在许多情况下采用小组形式完成学习任务。在活动过程中，学生要学习应对各种人际互动，如学生之间的互动、师生之间的互动、与调查对象之间的互动等。在交往中学会交往，在实践中学会研究、学会做事，这有利于使学生真正实现学习方式的转变，培养合作和探究能力。而由于综合性学习呈开放学习态势、宽松的学习空间，学生可以在一种开放、主动和多元的学习环境中学习，这样更有利于他们形成良好的学习习惯，包括思考的习惯、查阅资料的习惯、深入探究的习惯等。

第五，有利于学生形成社会责任意识。语文综合性学习强调真实生活情境的创设，提倡让学生在真实的自然环境、社会环境以及人文环境中开展活动，关注现实生活中有价值的问题，学习发现问题、分析问题和解决问题。在活动过程中，学生会初步形成对人与自然、人与社会关系的正确认识，注意个人行为对自然和社会环境的后果，逐步形成关注社会进步的意识，懂得社会发展人人有责的基本道理。

三、语文综合性学习方案设计的方法

（一）理解并掌握语文课程标准中的相关要求

语文综合性学习是语文学科的重要内容之一。开展语文综合性学习，必须符合《小学语文新课程标准》的要求，要为提高学生的语文素养服务。因此，在设计方案前，应充分理解和掌握《小学语文新课程标准》的相关理念和要求。

综合性学习主要体现为语文知识的综合运用，听、说、读、写能力的整体发展，语文课程与其他课程的沟通，书本学习与生活实践的紧密结合。综合性学习应贴近现实生活。联系生活中的实际问题，开展学习活动，在实现语文学习目标的同时，提高对自然、社会现象与问题的认识，追求积极、健康、和谐的生活方式，增强抵御风险和侵害的意识，增强在与自然、社会和他人互动中的应对能力。综合性学习应突出学生的自主性，重视学生积极主动的参与精神，主要由学生自行设计和组织活动，特别注重探索和研究的过程，要加强教师在各环节中的指导作用，综合性学习应强调合作精神，注意培养学生策划、组织、协调和实施的能力。综合性学习的设计应开放、多元，提倡与其他课程相结合，开展跨领域学习、跨学科学习，也应以提高学生语文素养为目的。积极构建网络环境下的学习平台，拓展学生学习和创造的空间，支持和丰富语文综合性学习。《语文课程标准》的教学建议是课程目标与教学结合的要求，是对具体教学操作的指导。在进行方案设计时，应注意以《语文课程标准》为理论基础和设计依据。

（二）确定语文综合性学习的目标

学习目标，是学生通过学习以后能达到的标准。明确目标，是开展语文综合性学习的先决条件。综合性学习的总目标，是提高学生对语文知识的综合运用能力，但每一次的综合性学习，还应该有更具体的目标，目标的确定，一方面要参照《语文课程标准》对各学段的要求，另一方面还应该参阅语文教材中的相关材料，包括单元提示、综合性学习相关材料等。当然，还有一个重要的因素，就是学生的具体情况。语文教材是以单元形式呈现的，而综合性学习内容是根据单元要求编写的。单元的相关要求，也是对综合性学习活动的要求。在设计综合性学习方案时，必须考虑到单元的要求。

（三）策划语文综合性学习的中心活动

语文综合性学习是以活动为中心的，持续的时间也比较长，因此在设计方案时就要仔细考虑、认真策划，策划方案的重点是确定中心活动，这是方案设计的核心环节，也是加强方案设计整体性的重要步骤。确定了中心活动，后面开展活动的设计才不会零散、漫无目的。中心活动的确定以目标达成为基础，更重要的是要考虑学生的兴趣与参与，还有就是能运用的教学资源特别是生活资源。

（四）制订综合性学习活动的具体方案

制订综合性学习活动具体方案，就是思考并谋划如何组合与运用各种学习、教学手段，采用一定的教学方法，指导学生在一定的时间里完成学习任务。这是方案设计的重要部分，解决的是"如何开展活动"的问题。具体方案设计得越完善，活动开展就越能落实，综合性学习目标的达成度也会越高。

如果说前一个"确定中心活动"的环节更多的是从整体上考虑综合性学习方案，这一个环节就是分解活动阶段，具体各环节任务，明确各环节的学生学习与教师指导的活动。制订综合性学习活动的具体方案，一般要考虑三个环节，即活动前指导、活动中指导和活动后指导。活动前指导，一般在课室进行。活动前的指导，强调激发学生开展活动的兴趣，指导学生开展活动的方法，组织学生做好开展活动的准备。做好活动前的指导，是顺利开展活动的前提。活动中指导，可以在课室进行，也可以在室外或校外进行。教师要指导学生在活动中学会发现问题、解决问题，以及撰写文章或活动报告。活动中指导，强调教师不能放手，要关注学生活动过程，及时给予学生必要的协助，让学生的活动能顺利开展。活动后指导，一般在课室进行。指导学生展示成果和分享成果，并对成果进行评议，可以包括回顾活动前的要求、各课外小组展示自己的作品或访问文章。活动后指导，侧重于交流活动的组织与指导。活动的开展目的并不仅仅是活动本身，更重要的是要通过活动后的交流汇报，让学生分享活动成果，交流实践过程中的心得感受、体验及内心的成长。同时，在交流中通过倾听、观摩别人的实践，得到启发和提高。

（五）设计语文综合性学习活动的评价方案

语文综合性学习活动形式一般是开放式的，持续时间比较长。要保证活动能有效指向目标的达成，就必须关注活动全过程的评价。因此，在做综合性学习方案设计时，也应设计评价的内容与形式。

第一，综合性学习评价方案的设计，要注意明确目标及重点。评价目标要与方案目标相对应，同时由于学生的活动过程是持续、变化的，评价也是要分阶段进行，体现发展性。每一环节的评价，应有侧重点，不必求全。第二，综合性学习的评价应该是持续性的。方案的设计要注意确定评价的时机，真正达到促进学生发展的目的。评价的时机要及时、得当，通常在较重要的活动内容完成后，就要有相对应的评价，这样既能跟进学生的活动进程，又能对学生的进步给予适时的指导和鼓励，更能通过及时的评价促进学生的自我反思，提高学生在活动过程中的自我管理及主动学习的能力。评价时机的选择与评价内容有密切的关联。例如，评价学生在活动中的合作态度和参与程度，就要选择在活动整个过程中观察和评价；评价学生能否根据占有的课内外材料，形成自己的假设或观点，就应选在活动的中后期进行。第三，综合性学习的活动是开放的。在设计评价方案时，要根据评价的侧重点不同，选择恰当的评价主体与评价方式。特别是由于综合性学习的活动是以学生为主体开展的，提倡自主、合作、探究的学习方式，因此在评价上，更应强调让学生进行自我评价和相互评价，评价的方式也应多元化。

设计好综合性学习评价方案后，要充分发挥评价的指引作用，让学生在活动前了解评价方案，这样学生对整个综合性学习有个总体的概念，对学习成果有预期的设想，便于根据自己的情况，制定相应的学习策略、安排适当的进度，让活动能够取得更好的效果。另外，教师也可以根据评价方案，有针对性地搜集相关材料，为活动后的教学反思做好准备，切实提高学生的综合性学习能力和语文素养。

第七章　小学语文课程教学评价

《语文课程标准》指出,语文课程评价的目的不仅是为了学生实现学习目标,更是一个检验和改进学生的语文学习和教师的教学、改善课程设计、完善教学过程,从而有效地促进学生的发展。作为一个小学语文教师,既要学习有关教育评价的一般基础理论,掌握评价的方法、手段,又要研究如何针对小学生的心理特点,对他们实行合理的、富有鼓励性的评价,只有这样,才能调动学生学习的积极性,增强他们的自信心,使他们处于兴奋、主动、积极的学习状态,从而充分发挥自己的内在潜能。

第一节　小学语文课程评价的基本理念

语文课程评价从本质上来说是一种价值判断活动。其评价范围不能仅局限于认知领域,还包括过程与方法、情感态度和价值观等方面。语文课程评价改革旨在从观念上正确认识评价的功能,弱化评价的甄别与选拔的功能,强化通过语文课程评价的及时反馈、改进教学、激励师生、促进学生语文素养的全面提高、促进语文课程质量提高的功能。

语文课程评价的原则反映了评价过程的客观规律,并从根本上规范和引导着语文课程评价的运行方向。其中最能反映语文课程评价的基本规律、对评价具有普遍指导意义的基本原则有发展性原则、全面性原则、过程性原则、合作性原则、多样性原则、差异性原则等。

一、什么是语文课程评价

"评价"原意为评论货物的价值,《宋史·戚同文传》中有"市物不评价,市人知而不欺"的记载。在英语中,评价(evaluation)一词含有词根"value"价值、词头"e"意为引出,有引出、阐发价值之意。评价,即通过一定的方法、途径对某一事物或某一问题做出客观描述和价值判断的过程。从本质上来说,它是一种价值判断活动。

我国教育界以前多注重语文教学评价,尤其是对学生的学习结果的评价,而较少有针对课程其他问题的评价。西方常使用"课程评价"一词,这是因为西方国家使用的是"大课程"的概念,即课程包含教学,因此课程评价也包括教学评价在内。随着对课程认识的深入,我国教育界在概念的使用上与西方逐渐趋同,《语文课程标准》采用的是"语文课程评价"这一概念。

语文课程评价是指以国家的教育方针为依据,以先进的课程评价方法和技术为手段,以语文课程标准为目标,对语文课程的有关因素(如语文教学设计、语文课程方案及语文课程成果等)诸多方面做出客观描述和价值判断的过程。

语文课程评价的范围比语文教学评价要广,它的范围不能仅局限于知识和能力,即认知领域,还要从过程与方法、情感态度和价值观等方面进行全面评价;既要对语文学习的结果进行描述和判断,又要对产生这一学习结果的多种因素和动态过程进行描述和判断;既要看到学生智力发展的一面,也要看到他们的动机、兴趣、情感、态度、意志、性格等非智力因素作用的一面。

二、小学语文课程评价的功能

《基础教育课程改革纲要(试行)》指出,课程评价改革的主要目标是要"发挥评价促进学生发展、教师提高和改进教学实践的功能"。这旨在从观念上正确认识评价的功能,弱化评价的甄别与选拔的功能,强化通过语文课程评价的及时反馈,改进教学,激励师生,促进学生语文素养的全面提高,促进语文课程质量提高的功能。

当前的语文课程评价呈现出发展与甄别并重,导向、强化、调节、激励、交流、反思、鉴定等多重功能均衡发展的态势。

(一)鉴定功能

"鉴定"意味着对语文课程有关因素的成效优劣做出甄别与选择。语文课程评价可以利用鉴定功能所获得的信息,发现学生语文学习上的优缺点,发现语文教师教学上的长处与不足,发现学校语文教学中的成绩与问题所在,从而有针对性地调节、改进各自的行为,使语文课程达到尽可能完善的程度。过于强调评价的鉴定功能,甚至一张试卷定成败的评价很难适应全面提高学生语文素养的要求。但将鉴定功能与发展性功能对立起来也是对评价功能片面、机械的理解。忽视评价的某一功能或过于强调评价的某一功能都是违背教育规律的表现。

(二)导向功能

语文课程评价的导向功能是指语文课程评价具有引导评价对象朝着理想目标迈进的功效与能力。人们常说"评什么,学校和教师就重视什么",这句话在一定程度上道出了课程评价的导向功能。在语文课程评价中,评价者要参照语文课程标准,设计语文评价方案,编制语文评价内容，确定语文评价方法，实施语文评价行为等。其中任何一个环节的变更都会产生不同的评价信息，促使语文课程向不同的方向发展。语文课程评价既可以引导整个语文课程的方向，又为个人指明努力的方向，使师生找准问题，及时采取行之有效的措施，以实现教学目标。同时，语文课程评价还可以对评价对象的发展趋势进行推断，从而为他今后的职业兴趣爱好乃至成功指明努力的方向。

（三）激励功能

激励，即激发人的动机，使人产生内在的动力，以形成朝着所期望的目标前进的心理过程。语文课程评价的激励功能是指语文课程评价对被评价者具有一种激发情感、鼓舞斗志、力求上进的功效与能力。

心理学研究表明，人们都有争取达到理想目标的强烈愿望，也有力求超过别人取得优势地位的动机。语文是一门具有丰富人文内涵的学科，人文因素也是语文课程所追求的目的所在，关注人的精神价值、心理个性及人格修养，是语文课程评价的特征之一。从学生的角度来说，语文课程评价的结果往往能成为学生语文学习的动力。从教师的角度来说，语文课程评价能够为语文教师提供大量的教育决策所必需的信息，并激励语文教师认识到自己的优势与特色，从而向更高的目标迈进。从教学管理的角度来看，通过语文课程评价，管理者可以及时掌握学校的语文教学情况和教学改革情况等，为领导做出提高语文教学质量的决策和改进语文教学质量的管理提供依据。因此，语文课程评价的过程也是激励语文课程各方面不断完善的过程。

（四）交流功能

语文课程评价的交流功能是指在评价过程中，评价者与被评价者之间应进行接触、交流，既要给被评价者发展性的建议，又要给予被评价者发表自己意见的机会，使评价双方通过交流（反思）来对自己的所作所为达到一个更清晰、更深刻的自我理解，从而提高人们对语文课程及其评价的认识。

语文课程是一个开放的不断发展变化的系统，语文课程评价不是高高在上的只有评价者单方面参与的活动，评价者不是法官，被评价者也不是等待宣判的对象，评价结果更不是秘不可宣的东西。如果只凭学生的语文成绩评价学生的语文水平高低或只凭少数领导听课的印象就对语文教师的教学妄加判断，那就会影响评价结果的准确性，也会打击被评价对象的积极性，语文课程评价的信度和效度就会降低。只有通过充分恰当的交流，才能互相学习，取长补短，共同进步。可以说，语文课程评价就是语文课程评价的诸因素不断作用、不断交流的过程。

（五）调节功能

语文课程评价的调节功能是指语文课程评价可以通过对所获得的信息进行加工、处理和分析，发现学生语文学习上的优缺点，发现语文教师教学上的长处与不足，发现学校语文教学中的成绩与问题所在等，从而有针对性地调节各自的行为，使语文课程达到尽可能完善的程度。如果课程目标与内容不适合，就应该及时调整；如果教学过程不合理，就应该注意优化；如果教与学的方法不得当，就应该考虑改进。语文课程的实施是一个信息传送过程，要使它保持良好的循环状态，就只有通过信息的不断交流反馈，适时调节，才能使语文课程向着最有利于学生发展的方向前进。

语文课程评价贯穿于语文教学的全过程，渗透于语文课程的各个环节和层面，它的功能是多种多样的。对语文课程评价的功能应综合辩证地看待，不应以偏概全、顾此失彼。无论是哪种功能，归根结底都在于促进学生语文素养的提高、促进学生的健康成长。语文课程评价的过程就是促进学生发展与提高的过程，语文课程评价的根本内涵在于促进学生的发展、促进语文课程的发展。

三、小学语文课程评价的基本理念

语文课程评价的基本理念集中体现在"评价建议"中，原则性的总建议主要表示了几个重要的评价思想和规定了若干评价原则。

语文课程评价的根本目的是促进学生学习，改善教师教学。语文课程评价应准确反映学生的学习水平和学习状况，全面落实语文课程目标；应充分发挥语文课程评价的多重功能，恰当运用多种评价方式，注重评价主体的多元与互动，突出语文课程评价的整体性和综合性；要根据不同年龄学生的学习特点，按照不同学段的课程目标，抓住关键，突出重点，采用合适方式，提高评价效率。语文课程评价应该改变过于重视甄别和选拔的状况，突出评价的诊断和发展功能。

（一）充分发挥语文课程评价的多种功能

语文课程评价具有检查、诊断、反馈、激励、甄别和选拔等多种功能，其目的是考查学生实现课程目标的程度，检验和改进学生的学习和教师的教学，改善课程设计，完善教学过程。我们要发挥语文课程评价的多种功能，尤其应注意发挥其诊断、反馈和激励的功能，有效地促进学生的发展。

（二）恰当运用多种评价方式

形成性评价关注学习过程，有利于及时揭示问题、及时反馈、及时改进教与学活动。终结性评价关注学习结果，有利于对教学活动做出总结性的结论。形成性评价和终结性评价都是必要的。应加强形成性评价，注意收集、积累能够反映学生语文学习与发展的资料，可采用成长记录袋等各种方式记录学生的成长过程。对学生语文学习的日常表现，应以表扬、鼓励等积极的评价为主，采用激励性的评语，从正面加以引导。

要坚持定性评价和定量评价相结合，全面反映学生语文学习的状态及水平。评价方法除了纸笔测试以外，还有平时的行为观察与记录、问卷调查、面谈讨论等各种方法。语文学习具有重情感体验和感悟的特点，更应重视定性评价。学校和教师要对学生的成长记录和考试结果进行分析，评价结果的呈现方式除了等级或分数以外，还可用代表性的事实客观描述学生语文学习的进步，并提出建议。

各种评价方法都有一定的适应性，在评价的客观性和深刻性上也各有差别。因此，评价设计要注重可行性和有效性，力戒烦琐，防止片面追求形式。

（三）注重评价主体的多元与互动

应注意将教师的评价、学生的自我评价及学生之间的相互评价相结合，加强学生的自我评价和相互评价，促进学生主动学习、自我反思。评价要理解和尊重学生的自我评价与相互评价，还要尊重学生的个体差异。这样，有利于每个学生的健康发展。

根据需要，可让学生家长、社区、专业人员等适当参与评价活动，争取社会对学生语文学习的更多关注和支持。

（四）突出语文课程评价的整体性和综合性

语文课程评价要体现语文课程目标的整体性和综合性，全面考查学生的语文素养。语文课程评价应注意识字与写字、阅读、写作、口语交际和综合性学习五个方面的有机联系，注意知识与能力、过程与方法、情感态度与价值观的交融和整合，避免只从知识、技能方面进行评价。

四、语文课程评价的原则

（一）发展性原则

发展性原则既要用发展变化的观点看待语文课程评价的对象，也要看到评价对象过去的语文学习或教学情况，还要对评价对象现在乃至未来的发展变化进行评价，以便对语文课程本身不断修正。发展性原则要求语文课程评价必须把作为评价对象的人(包括学生、教师)的发展作为根本目的,使之贯穿语文课程开发过程的始终。坚持这一原则,要注意做到以下几点:

1. 促进学生的发展

学生学习语文的过程就是学生实现自我成长的过程,是激发学生的创造力与生命力的过程。语文课程评价应充分挖掘语文课程中有利于学生发展的积极因素,发挥语文评价的激励与导向功能,促进学生个性的全面和谐发展。从发展性评价观出发,语文课程评价关注的不应仅仅是学生学习语文的效果如何,还应该关注学生的语文知识是怎样获得的,语文能力是怎样培养的,语文素养是怎样形成的,把促进学生的发展作为语文课程开发的前提。语文课程评价的内容和技术手段也要有利于学生的全面发展,如要从注重读写能力的评价转向注重语文综合素养的评价;从注重语文知识的评价转向注重语文实践能力的评价;从面向学生过去的评价转向面向学生现在和未来的评价;从注重认知领域的评价转向注重对认知领域和情意领域的综合评价等等。

2. 促进教师的发展

语文课程是教师和学生共同构建、开发的学习资源,学生的语文学习是在教师的指导下进行的语文学习活动。语文课程评价不仅要促进学生的发展,也应促进语文教师的发展。如果语文教师在评价中(听课、检查教案、学生评议等)处于被动接受检查的地位,很少有发表自己意见的机会,则不利于语文教师的发展。应打破根据学生的语文成绩来评价语文教师工作业绩的传统做法,重视语文教师在自我教育和自我发展中的主体地位。要促进语文教师的不断提高,关键是促使语文教师不断对自己的教学行为进行分析与反思。要建立以教师自评为主,校长、教师、学生、家长共同参与的评价制度,使教师从多种渠道获得信息,不断提高教学水平。评价语文教师的工作业绩,应考虑学生语文综合素养的状况;评价语文教师的课堂教学,应关注学生在语文课堂上的行为表现、过程参与的情况;调整、奖励语文教师,也应从激励语文教师的上进心、有利于发展上出发。

3. 促进语文课程的发展

课程评价是对课程能否满足学生与社会发展的需要以及满足需要的程度做出判断的教育活动。新语文评价观把语文课程评价渗透于语文课程开发过程之中,认为:编制语文课程计划、实施语文课程计划以及语文效果如何,是评价者和被评价者都应该关注的问题。语文是实践性很强的课程,语文课程亟须在评价活动中及时发现问题,不断探索、不断完善,语文课程评价也应促进语文课程本身的发展。语文课程不仅是语文知识的载体,更是师生共同探求语文知识、培养语文素养的过程和平台。我们在重视通过语文课程评价来改进和提高语文教学质量的同时,也应对学校语文课程执行的情况、语文课程实施中的问题进行分析和评价,以调整语文课程内容,改进语文教学,形成语文课程不断革新的机制。

(二) 全面性原则

全面性原则是指要对语文评价对象的诸多方面进行评价,不宜过分地突出某一项目或某一过程,要在充分搜集有关信息的基础上做出判断。语文课程目标的多元性,语文课程资源的丰富性,语文教学手段与方法的多样性,语文教师素质的综合性,语文教学环境的复杂性等,表明了语文课程的效果是由多种因素决定的。按照发展性评价观的"一切为了学生发展"的教育理念,使用任何一种单一的评价方法或内容来评价都是不全面的。坚持全面评价的取向,就应注意以下方面:

1. 评价指标要全面

语文课程评价应有比较全面的标准,单一的评价指标很难适应语文课程中千差万别的具体情况。语文课程从内容上看是一个整体,评价语文课程内容应该包括识字与写字、阅读、写作、口语交际和综合性学习,而不能像以前那样只重视阅读与写作的评价。语文课程评价的领域也不能仅局限于知识和能力,即认知领域,还要从过程与方法、情感态度和价值观方面进行全面评价。

2. 评价对象要全面

语文课程评价应坚持面向全体学生,不能出现只评少数学生,不顾大多数学生的局面。同时,要改变单一由教师评价学生的状况,让学生甚至是与学生有关的其他人员参与到评价的过程中来,以建立学生、教师、家长、管理者、社区、专家等共同参与、交互作用的评价制度,以多渠道的反馈信息促进被评价者的发展。

语文课程是一门综合性很强的课程,面向全体学生,还要注意面向每一个学生语文综合素养的各个方面。语文知识素养包括字、词、句、篇、语、修、逻、文等;语文能力素养包括听、说、读、写基本技能和认识能力、自学能力、想象能力、创造能力等;语文心理素养包括记忆、联想、兴趣、情感、态度、习惯等。如果过分地强调某一因素,不能全面地分析问题,也不能得出准确的价值判断。

3. 评价过程要全面

语文课程的组织和实施是一个由时间和空间的诸多要素纵横交错、立体交叉的复杂过程。语文课程评价是由设计评价方案、组织实施评价、分析评价结果、进行信息反馈等若干操作步骤构成的动态系统。其中每个较大的环节又包括许多个小的步骤,任何一个环节或步骤的疏忽都会影响语文课程评价的信度和效度。因此,在语文课程评价实施过程中,也要依据全面性原则,对每一个项目的信息搜集都要力求全面,不能偏听偏信。语文课程评价的全面性原则不等于要求各个评价项目不分主次,等量齐观,要分清主要项目、次要项目,在评价指标的权重方面也要有所区分。

(三)过程性原则

过程性原则是指作为促进学生发展的工具,语文课程评价应贯穿在语文课程实施的全过程之中,不能只注重语文学习的结果,更要重视语文学习的过程。实施过程性原则,要注意以下方面:

1. 重视语文学习的过程

学生学习语文的过程是一个"知情意行"全面发展的过程,情感、意志、兴趣等贯穿学生语文学习的全过程,直接影响学生对知识的掌握和智力的发展。以背诵为例,过去我们对学生的评价只看结果:背得较流利的打80分;能够背完整、但有些夹生的,打60分;不能背完整,而且背得断断续续的,打40分。但光看结果,并不能真正反映学生的学习态度和努力程度。也许得40分的这位同学背得很努力,在背的过程中花了很多的工夫,只是方法不对头而已。如果学生在语文学习的过程中付出的努力得不到肯定,就会产生负面影响,导致他们对语文学习失去信心。语文课程评价应该考虑学生不同的起点,强调学生个体过去与现在的比较,既要关注学生语文学习的结果,更要关注他们在语文学习过程中的点滴进步及情感、态度的形成和发展。

语文学习还具有显著的内隐性特征,从对优秀言语作品的欣赏和玩味到对语感素质的积淀和言语能力的升华,需要极为漫长的心理同化和顺应过程,其细微的进步需要语文教师以博大的胸怀去精心发现和呵护,以给学生成长营造一种和谐健康的氛围。这就更要求我们重视学生语文学习的过程,在学生学习语文的过程中去发现和发展学生多方面的潜能,包括学生在道德品质、学习的愿望和能力、合作与交流、个性与情感以及创新意识和实践能力等诸多方面的发展。

2. 贯穿于语文课程的全过程

重视过程,是为了使语文课程评价整体建立在坚实的基础之上。传统的语文课程评价模式是预定式模式,教材、教学大纲都是预先设定不容更改的,教师、学生对语文教材和大纲缺乏评价发言权,很难反映语文课程方案本身的合理程度以及各方面人士对课程实施的观点。当代语文课程评价观把语文课程评价渗透于整个语文课程开发过程之中。不仅在制度上保证了语文课程评价成为语文课程研制过程中的一个不可缺少的环节,而且被评价人员也积极参与到课程开发全过程之中,评价成为评价者和被评价者"协商"进行的共同心理建构过程,是一种民主协商、主体参与的过程,而非评价者对被评价者的控制过程。在评价过程中，语文课程目标和课程计划始终为评价者和被评价对象共同关注。这有助于评价双方提高他们的自主意识、反思能力和积极性，从而更加有效地促进语文课程的发展。

（四）合作性原则

合作性原则是指在语文课程评价过程中，参与评价的各方面力量（个人或组织）应加强合作与交流。

合作，应是互相配合、共同完成，是全民关注语文课程的体现。语文课程评价的评价主体是多元的，它既可以是教师、学生，也可以是课程编制者、课程审议者或评价专家。语文课程评价是管理者、教师、学生、家长共同参与的交互的活动。贯彻合作性原则应注意以下方面：

1. 加强自我评价

自评，包括被评价者自评和评价者自评，如教师自评、管理者自评和学生自评等。评价与被评不是绝对对立的，被评价者也可以成为评价者。语文自我评价是语文课程最重要的也是最实用的评价手段，它可以实现自比和自控，激发自尊和自信，从而更好地促进人的发展。

长期以来，我们比较重视外部机构、组织对学校的语文效果的评价，重视领导、专家对语文教师的教学评价，重视语文教师对学生的语文学习质量的评价，却比较忽视教师和学生的自我评价。尤其在评价学生的语文学习问题上，语文教师扮演着终结性和唯一性的裁判者，学生很少有发言的机会，只能被动消极地接受评价。语文评价新理念从关注"人"的发展着眼，主张给被评价者以宽松的环境，让被评价者自觉地发展，被评价者（尤其是学生）成为语文课程评价的参与者和主体，评价者由语文课程成绩的裁判者变为课程学习和发展的激励者。教师加强自评，可以反思语文课程的得失，审视自己的语文教学，从而改进自己的语文教学。学生加强自评，可以更好地反思自己的语文学习情况，更好地形成自学能力、参与能力和自我评价能力，促进学生语文素养的全面提高。

2. 建立生生互动、师生互动、家校互动的开放性合作

《语文课程标准》指出，实施评价，应注意教师的评价、学生的自我评价与学生间互相评价相结合。加强学生的自我评价和相互评价，还应该让学生家长积极参与评价活动。语文课程评价的效益在于让被评价者最大限度地接受语文课程评价的结果，要"最大限度"地接受，必须将自评与互评结合起来，通过师生互动、生生互动、家校互动等方式，相互沟通、相互补充，从而达到语文课程的共享、共进。

互评，强调的是双向式互评和多向式合作交流互评。有评价者对被评价者的评价、被评价者对被评价者的相互评价，还可以有被评价者对评价者的评价。例如：教师对教师、学生对

教师;教师对学生、学生对学生;还有家长对教师、对课程、对学校、对学生的评价等。通过互评,可以多渠道交流语文课程的有关信息,有利于评价者和被评价者合作共处、相互尊重、取长补短,共同改进语文课程。自评与互评相结合,正体现了语文课程评价的合作性原则。

(五)多样性原则

多样性原则是指在语文课程评价的手段和方法上,要注重多样化和灵活性。从国内外的课程评价改革来看,为真实地了解课程实施的各个方面,在评价上都比较注重从不同的角度、不同的层次将多种评价手段结合起来对评价对象的诸多方面进行评价。贯彻多样性原则,要注意以下方面:

1. 方式多样

《语文课程标准》强调综合运用多种评价方式,注意将形成性评价与终结性评价、定量评价与定性评价相结合。其中,加强形成性评价和更应重视定性评价被置于非常突出的地位。

(1)为什么"定性评价和定量评价相结合,更应重视定性评价"?这是因为:①语文课程的一个基本理念是全面提高学生的语文素养。语文素养具有整体性,它以语文能力(识字写字能力、阅读写作能力、口语交际能力等)为核心,是语文能力和语文知识、语言积累、审美情趣、思想品质、学习方法和习惯等的融合。其间有很多无法用定量评价来代替定性评价的因素。②语文学习具有重感情体验和重语言积累的特点,更适宜于定性评价。③事物包括质和量两个方面,只有将质的方面和量的方面结合起来才能正确地反映语文课程的真实情况,并为促进学生全面发展提供真实可靠的根据。

(2)为什么说"形成性评价和终结性评价都是必要的,但应加强形成性评价"?这是因为:①重视终结性评价,更应加强形成性评价体现了当代语文评价观重结果、更重过程的新理念。②评价最重要的目的不是证明,而是改进。评价的发展使人们逐渐认识到,在课程计划尚处于变化状态时就用评价去改善它,比只是评价它实施后造成的结果更有意义,更能促进有效的教育和学习。③形成性评价和终结性评价相结合,既有利于及时了解语文课程的效果,也有利于在语文课程实施的各个阶段改进语文课程,从而促进语文课程的完善与发展。

2. 方法多样

任何一种单一的评价方法都有适应性和局限性,不同的评价目的和评价内容,需要不同的评价方法;不同的评价方法,获得的可能是不同的评价结果。新课程评价改革要求多元化、主体性、开放性,语文课程评价的方法也要求推陈出新;提倡在语文课程评价实践中使用多样化的评价方法,如传统的考试法、评语法,以及在新课程实施过程中提出来的成长记录袋、学习日记、情景测验、行为观察和开放性的考试等；提倡将多种评价方法有机结合起来，以获得更全面、更完整的信息。

（六）差异性原则

差异性原则是指在语文课程评价的过程中要尊重被评价对象的个体差异，促进被评价对象的健康发展。贯彻差异性原则，应注意做到以下几点：

1. 针对不同对象

语文教师是活生生的个体，每个教师都有自己的优势与特色，应注意语文教师的个性心理、学历经验与教学风格等诸方面存在差异。

学生是个体的人，在不同年龄阶段上的心理、学习特征各不相同，不能用同一把尺子来衡量学生。语文课程评价从"选拔"走向"发展"，意味着语文课程评价要立足于差异性，从思想上、情感上、行动上接纳语文水平高低不一、语文学习习惯各不相同、个性心理品质不同的学生，评价学生时不应忽视学生的个性差异对学生的语文学习的影响。

各学校师资力量、生源状况、教学设施，培养目标的不一致等也表现出差异性。

2. 针对不同情境

尊重被评价对象的个体差异，还应考虑被评价对象在不同情境中的情况。如把语文教师过去与现在的教学进行比较，以发现其教学水平上的前后差异；将学生原来的语文学习情况和现在的语文学习情况进行比较，以考查其进步的幅度；还可以把学生的写作能力和阅读能力以及对语文基础知识的把握能力进行比较，找出其语文学习中的优势和不足，以改进和提高其语文学习的效果等。学生的认知差异、人格差异、性别差异等对语文学习有显著影响，应注意在不同情境中依据学生的不同背景和特点，正确判断每个学生的发展潜力，采用有针对性的语文教育措施。

语文课程评价的原则反映了评价过程的客观规律，我们既要看到语文课程评价原则的指导作用，也不应该将原则当作教条，认为原则一旦确立就不可动摇。事物是发展变化的，人们的认识也在不断深化不断提高，一方面人们应看到已认识的规律的作用，另一方面也应注意在语文课程评价的实践中去检验、发展这些原则。

第二节　小学语文课程评价内容

一、小学语文课程评价的内容

（一）教师教学态度的评价

语文教师要有强烈的事业心和责任感，这是搞好教学工作的思想基础。教师要热爱学生，关心学生的进步成长，把"育人"放在教学的首位；教师要热爱自己所教的语文专业，认真备课、讲课、辅导学生学习；教师要有刻苦钻研和勇于改革的精神。评价一个教师教学的优劣，最重要的是要看教师的教学思想是否正确，教学态度是否端正。

（二）教师素质的评价

教师素质是教师做好教学工作的基础和条件。优秀的语文教师必须具备较高的思想政治素质，树立正确的世界观、人生观、价值观，有强烈的教书育人的责任感、使命感，同时也必须有熟练的业务知识和较高的文化水平。面对 21 世纪的挑战，随着社会的进步和教育的发展，对教师的素质要求必将日趋提高。一位优秀教师，只有具备扎实深厚的专业知识，才能居高临下、驾驭自如，向学生输出知识的精华；也只有具有了广博的文化科学知识，了解和掌握小学语文学科的最新发展动态，才能肩负起造就一代高素质跨世纪人才的重任。语文教学评价一定要把评价教师素质作为主要内容。

（三）教师教学基本功的评价

评价语文的教师教学，一定不能忽视教师的教学基本功。一般说来，一个有过硬教学基本功的教师，才能教出语文基本功过硬的学生，教师的教学基本功是完成教学任务的一种特殊能力。一个合格的小学语文教师必须有较强的听、说、读、写能力，驾驭教材和组织教学的能力。比如，教师应该练好朗读的基本功、写字的基本功、板书基本功、语言基本功等。所有这些，都应作为评价的内容。

（四）学生学习方法的评价

学习方法是学生完成学习任务的途径和手段，它的实质可以概括为"会学习"。学生一旦掌握了正确的学习方法，就好比掌握了一把打开知识宝库的钥匙，可以不断地获取和更新知识。教师在教学工作中，不但要教给学生知识，培养学生能力，同时要指导学习方法。评价语文教学,要评价学生的学习方法。评价教师对学习方法的指导,同时也要评价学生的学习动机、兴趣、听课态度以及参与教学的情况。

(五)教学程度的评价

所谓教学程度,这里指三层含义:一是语文知识传授的正确程度,既应该有量的指标,也应该有质的要求;二是指在教学过程中促进学生思维发展及听、说、读、写能力发展的程度;三是指思想政治教育、道德品质教育以及审美教育的程度。

教学程度是指小学语文教学目标的实现程度。衡量教学程度的唯一依据是《语文课程标准》,评价教学程度要以该标准提出的教学目的和教学要求为尺度,在德育、智育、美育等三个方面进行。

(六)教学过程的评价

教学过程是学生在教师有目的、有计划的指导下,积极主动地发展自己,使自身的发展水平逐步达到教学目标的运动过程。教学过程是由纵横交错的众多要素构成的。这些基本要素互相联系,彼此制约,形成了教学过程的矛盾运动。因此,必须注意各要素之间的协调,这样才有可能充分发挥教学的功能。要评价教学过程安排是否科学,教学环节安排是否得当,教学重点是否突出,难点是否讲得明白,训练安排是否合理……这些都能反映教师对教学规律的认识以及对教学理论理解与运用的水平。

(七)教学方法的评价

教学方法是教学过程的一个最复杂的组成部分。教学方法是一种手段,借助它,实现教学目标,完成具体的教学任务。具体教学方法的选择与运用,与提高教学质量密切相关,这也是评价的内容。同样一个教学内容,有的教师教得明白、易懂、生动、活泼,容易为学生所掌握;有的则教得不够清楚,学生很难理解和把握。出现这种差别可能有各种相关因素,但教学方法是否恰当,显然是其中不应忽视的因素。

(八)教学效果的评价

检查和评价教学效果主要是通过学生来完成,通常有三种方式:一是检查学生的作业,二是通过提问和讨论,三是通过书面考试。显然,教学效果的评价是诸多评价内容中最重要的部分。但又必须指出,教学效果的评价,又不应成为评价教师教学水平的唯一尺度。这是因为,学生在掌握知识、发展相关能力的过程中,并不仅仅受教师教学状况的影响,同时还受先天遗传素质与后天生活环境以及具体实践活动的影响。因此,只有从不同的角度和不同的层次对教师的教学情况进行系统的、全面的综合评价,才可能得出较为科学与恰当的结论,达到教学评价的目的。

（九）学生学习成绩的评价

评定成绩是在学生应试后对他们的学业做出评价。评定成绩要注意以下几个问题：

（1）评定成绩应以《语文课程标准》为依据,正确地反映学生实际水平与教学大纲要求之间的距离。分数（包括等第、评语）是反映和记录学生学业成绩的一种形式。

（2）教师应该树立正确评定学生成绩的观点。在评定成绩时,要做到公正、一视同仁,同时还要用发展的观点评价学生成绩,要用鼓励的态度,激发学生的学习信心,注意发扬学生的创造精神。

（3）评分时要把学生的智力水平和学习态度结合起来,对于学习努力,但尚有困难的学生不要轻易给不及格的分数,避免对学生造成精神打击,产生恶性循环。

（4）评定学生成绩要选择评定成绩的方法。目前采用的评定成绩方法主要有计分评定成绩的方法、等第评定成绩的方法、评语评定成绩的方法。这几种方法都有各自的优点,但也都有局限性。选择哪种评定成绩的方法,要从实际出发。

（5）评定学生成绩要提高评分的客观性。语文测试综合性强,题型复杂,容易在评分中出现偏差,因此必须采取一定的方法和技术,以保证评分的正确、客观。

二、小学语文课程评价指标体系

语文课程评价指标体系,是指根据语文课程的目标分解出来的、能够反映评价对象某方面本质特征具体化、行为化的指标或因素,它是对评价对象进行价值判断的依据,也是进行语文课程评价的必备条件。《语文课程标准》具体制定了三个维度和五个方面的语文课程评价指标体系,评价指标由单一转向多元。

（一）语文课程评价的三个维度

1. 知识和能力的评价

知识和能力是语文学习的基础,学生语文素养的提高离不开语文知识的积累和语文能力的提高。语文知识包括字、词、句、篇、语、修、逻、文的基础知识和文学知识等。语文能力包括听、说、读、写这些语文的基本能力,还包括语文的"发展能力",即认识能力、思维能力、自学能力、想象力和创造潜能等。知识和能力的评价应根据《语文课程标准》对不同学段的要求制定不同学段的评价标准,评价中应着重关注：识字写字知识评价、读写知识评价、文学知识评价、听说读写基本能力评价、语文发展能力评价。

2. 过程和方法的评价

过程与方法是语文学习的重点。语文学习是过程与结果的统一，也是过程与方法的统一。探索知识的方法往往比掌握知识更重要。在学生的语文学习过程中，无论他们从多听、说、读、写的什么样的言语实践活动，他们总得借助一定的方法，付出一定的努力。过程与方法的评价应根据《语文课程标准》对不同学段的要求制定不同学段的评价标准，评价中应着重关注：听、说、读、写的过程与方法、观察和积累的过程与方法、思维想象的过程与方法、自学的过程与方法、语文学习习惯和方法的养成。

3. 情感态度和价值观的评价

情感态度和价值观是语文学习的动力。培养学生高尚的道德情操和健康的审美情趣，形成正确的价值观和积极的人生态度，是语文课程的重要内容。情感态度和价值观是在以语言文字为载体的各种材料的积累中，在听、说、读、写的言语实践中逐渐培养形成的。因此学习语文课程，还有一个在语言积累过程中发展语感、提高文化品位和审美情趣的问题。评价情感态度和价值观应着重关注语文学习的兴趣、语文学习的态度和习惯、语文学习的交往与合作、语文学习过程中的价值取向、参与语文实践的情况等。

（二）语文课程评价的五个方面

1. 识字与写字的评价

《语文课程标准》指出，评价要有利于激发学生识字、写字的兴趣，帮助学生养成写规范字的习惯，减少错别字。评价要点如下：

（1）汉语拼音学习的评价，重在考查学生认读和拼读的能力，以及借助汉语拼音认读汉字、讲普通话、纠正地方音的情况。

（2）识字的评价，要考查学生认清字形、读准字音、掌握汉字基本意义的情况，以及在具体语言环境中运用汉字的能力，借助字典、词典等工具书查检字词的能力。第一、第二学段应多关注学生主动识字的兴趣，第三、第四学段要重视考查学生独立识字的能力。

（3）写字的评价，要考查学生对要求"会写"的字的掌握情况，重视书写的正确、端正、整洁，在此基础上，逐步要求书写流利。第一学段要关注学生写好基本笔画、基本结构和基本字，第二、第三学段要关注学生的毛笔书写，第四学段要关注学生基本行楷字的书写和对名家书法作品的临摹。义务教育各个学段的写字评价都要关注学生写字的姿势与习惯，引导学生提高书写质量。第三学段要求学生会写2500个字。对学生写字学习情况的评价，当以《语文课程标准》附录5"义务教育语文课程常用字表·字表一"为依据。

2. 阅读的评价

《语文课程标准》指出，阅读的评价，要综合考查学生阅读过程中的感受、体验和理解，要关注其阅读兴趣与价值取向、阅读方法与习惯，也要关注其阅读面和阅读量，以及选择阅读材料的能力，还要重视对学生多角度、有创意阅读的评价。评价要点如下：

（1）朗读的评价。能用普通话正确、流利、有感情地朗读课文，是朗读评价的总要求。根据阶段目标、各学段的要求可以有所侧重。评价学生的朗读，可从语音、语调和语气等方面进行综合考查，评价"有感情地朗读"，要以对内容的理解与把握为基础，要防止矫情做作。

（2）诵读的评价，重在提高学生的诵读兴趣，增加积累，发展语感，加深体验和领悟。针对不同学段的学生，教师可在诵读材料的内容、范围、数量、篇幅、类型等方面逐渐增加难度。

（3）默读的评价，应从学生默读的方法、速度、效果和习惯等方面进行综合考察。

（4）精读的评价，重点评价学生对阅读材料的综合理解能力，要重视评价学生的情感体验和创造性的理解。第一学段可侧重考查对文章内容的初步感知和文中重要词句的理解、积累；第二学段侧重考查通过重要词句帮助理解文章，体会其表情达意的作用，以及对文章大意的把握；第三学段侧重考查对文章表达顺序和基本表达方法的了解领悟；第四学段侧重考查理清思路、概括要点、探究内容等方面的情况，以及读懂不同文体文章的能力。

（5）略读的评价，重在考查学生能否把握阅读材料的大意。浏览的评价，重在考查学生能否从阅读材料中捕捉有用信息。

（6）文学作品阅读的评价，着重考查学生感受形象、体验情感、品味语言的水平，对学生独特的感受和体验应加以鼓励。第一学段侧重考查学生能通过朗读和想象等手段，大体感受作品的情境、节奏和韵味；第二学段侧重考查在阅读全文基础上对重要段落和语句的细致阅读，具体感受作品的形象和语言；第三、第四学段，可通过考查学生对形象、情感、语言的领悟程度，以及自己的体验，来评价学生初步鉴赏文学作品的水平。

（7）古代诗词和浅易文言文的评价。评价学生阅读古代诗词和浅易文言文，重点考查学生的记诵积累，考查他们能否凭借注释和工具书理解诗文大意。词法、句法等方面的概念不作为考试内容。

（8）课外阅读的评价，应根据各学段的要求，通过小组和班级交流、学习成果展示等方式，了解学生的阅读量和阅读面，进而考查其阅读的兴趣、习惯、品位、方法和能力。

3. 写作的评价

写作，是运用书面语言进行表达和交流的重要方式，是认识世界、认识自我、进行创造性表述的过程，更是语文素养的综合体现。评价要点如下：

（1）写作的评价，应按照不同学段的目标要求，综合考查学生写作水平的发展状况。第一学段主要评价学生的写话兴趣，第二学段是习作的起始阶段，要鼓励学生大胆习作；第三、第四学段要通过多种评价，促进学生具体明确、文从字顺地表达自己的见闻、体验和想法。对于作文的评价还须关注学生汉字书写的情况。

（2）写作的评价，要重视学生的写作兴趣和习惯，鼓励表达真情实感，要让学生认识到，只有写实实在在的事，写自己最熟悉的事，才有话说，才能具体、明白。"抒真情，写实感"是评价学生习作的首要目标。我们要鼓励有创意的表达，引导学生热爱生活，亲近自然，关注社会。

（3）写作材料准备过程的评价，不仅要具体考查学生占有材料的丰富性、真实性，也要考查他们获取材料的方法。要引导学生通过观察、调查、访谈、阅读等途径，运用多种方法搜集材料。

（4）重视对作文修改的评价。修改，是学生的认识不断深化的过程，也是写作活动由初级阶段通向高级阶段的阶梯。要考查学生对作文内容、文字表达的修改，也要关注学生修改作文的态度、过程和方法。指导学生以教师的批改为例学习修改文章的基本方法和要领，最后学会自改习作。要引导学生通过自改和互改，取长补短，促进相互了解和合作，共同提高写作水平。

（5）提倡为学生建立写作档案。写作档案除了课内外作文外，还应记录写作态度、主要优缺点以及典型案例分析等内容，以全面反映学生的写作实际情况和发展过程。对学生作文评价结果的呈现方式也应多样化，根据实际需要，可以是书面的，可以是口头的；可以用等第表示，也可以用评语表示；还可以综合采用多种形式评价。

4. 口语交际的评价

口语交际评价可以规范学生的口头语言，提高口语交际能力，培养良好的听说态度和语言习惯。评价要点如下：

（1）必须注重提高学生对口语交际的认识和表达沟通的水平。考查口语交际水平的基本项目可以有讲述、应对、复述、转述、即席讲话、主题演讲、问题讨论等。

（2）口语交际的评价，应按照不同学段的要求，综合考查学生的参与意识、情意态度和表达能力。第一学段主要评价学生口语交际的态度与习惯，重在鼓励学生自信地表达；第二、第三学段主要评价学生日常口语交际的基本能力，学会倾听、表达与交流；第四学段要通过多种评价方式，促进学生根据不同的对象和内容，文明地进行人际沟通和社会交往。评价宜在具体的交际情境中进行，让学生承担有实际意义的交际任务，并结合学生在日常生活和学习活动中的表现，综合考查学生真实的口语交际水平。

5.综合性学习的评价

综合性学习体现了语文知识的综合运用,听、说、读、写能力的整体发展,语文课程与其他课程的沟通,书本学习与实践活动的紧密结合。作为语文学习的有特色的内容之一,应提倡自主、探究、合作的学习方式,重视通过语文课程评价来激励学生的探究精神和创新意识,尤其要尊重和保护学生学习的自主性和积极性,鼓励学生运用多种方法,从不同的角度进行多样化的探究。评价要点如下:

(1)综合性学习的评价,应着重考查学生的语文综合运用能力、探究精神与合作态度。主要着眼于学生在综合性学习过程中的表现,如是否能积极参与活动,是否能主动提出问题,还有搜集整理材料、综合运用语文知识探究问题、展示与交流学习成果等方面的情况。第一、第二学段要较多地关注学生参与语文学习活动的兴趣与态度。第三、第四学段要多关注学生在语文活动中提出问题、探究问题以及展示学习活动成果的能力。各个学段综合性学习的评价都要着眼于促进学生提高语文水平的效率,并有助于他们扩大视野,更好地掌握学习语文的方法。

(2)评价要尊重和保护学生学习的自主性和积极性,鼓励学生运用多种方法,从不同的角度进行探究。评价要充分注意学生解决问题的思路和方法,对有新意的思路和表达以及有特点的展示方式,尤其要给予足够的重视。除了教师的评价之外,要多让学生开展自我评价和相互评价。

语文课程评价指标体系的三个维度五个方面并不是绝对的,它们是相互交融、互相渗透的关系,在实施评价的过程中,应该辩证灵活地理解和运用。

第三节 小学语文课程评价的方式方法

一、语文课程评价的方式

在语文课程评价中,人们都会自觉或不自觉地运用一定的方式方法对评价对象进行衡量和判断。语文课程评价的方式是多种多样的,根据不同的分类标准,人们所分出的评价方式就有不同。如按照量化程度的高低,可以分为定量评价和定性评价;按照评价的作用,可以分为诊断性评价、形成性评价和终结性评价;按照评价的参照系,可以分为相对评价与绝对评价;按照参与评价的主体,可以分为自我评价和他人评价等等。这里着重介绍根据量化程度和评价功能分类的方式。

(一)形成性评价、诊断性评价与终结性评价

1. 形成性评价与终结性评价

形成性评价与终结性评价是美国课程评价专家斯克瑞文于1967年提出的两种评价类型。形成性评价,又叫过程评价,是对语文课程开发和实施的各个阶段进行的评价。布鲁姆说"形成性评价,就是在课程编制、教学和学习的过程中使用系统性评价,以便对这三个过程中的任何一个过程加以改进"。形成性评价的目的在于及时了解语文课程的动态过程,反馈有关信息,作为进一步修订和完善语文课程的根据。终结性评价又叫总结性评价,是对语文活动结果的评价。在语文课程开发或语文课程实施完成之后对语文课程计划的结果做出价值判断,其目的在于了解语文教学活动达到预期目标的程度,并对语文教育活动的成效优劣进行甄别。

2. 诊断性评价

诊断性评价是在语文课程计划或教学活动开始之前实施的预测性评价,其目的在于了解评价对象的基础和存在的问题,使语文课程计划或语文活动的安排更具有针对性。诊断,并不只是找出学生的薄弱环节和病根,也包括发现学生的长处和特殊才能,以便长善救失,设计出能够发挥学生长处弥补其不足的活动方式。

我国以前的语文课程评价比较重视终结性评价,如每学年、每学期都要进行各种考试,以区分学生语文成绩的优劣,并进行分等、选拔等。终结性评价具有事后检验的性质,对学生在语文教学活动中的行为调节和改进作用不大。如果只重视评价的最终结果,无法了解这个结果形成的原因和过程,就容易出现虚假现象。而且终结性评价的标准是预先设定的,如果这个标准不够科学或难以检测,也会影响评价的可靠性。因此,应淡化终结性评价,重视诊断性评价和形成性评价的运用,构建一个动态的、发展的、开放的语文课程评价体系。

(二)定量评价和定性评价

1. 定量评价

定量评价又称为量化评价或数量化评价,就是力图将语文教学现象和语文课程现象简化为数量,进而从数量的分析与比较中对语文课程的成效做出定量的评价结论。用分数来表示学生语文成绩,根据课堂教学量化评价表为教师的课堂教学打分等,都属于定量评价。

定量评价的认识论基础是科学实证主义,它认为只有经过量化研究、量化了的数据才是科学的,才能真实地显现某些教育现象,得出客观可信的结论。定量评价具有简明、精确、客观的特点,它能够提高评价的区分度,降低评价的主观性和模糊性。它追求对评价

对象的有效控制，能够直接反映评价对象的某些特质，特别适合用于某些简单、单纯的教育现象。定量评价从它诞生之日起就占据了评价领域的主导地位，一度成为风靡世界的评价方式。在我国的语文评价中，定量评价所占比例较大。对学生语文学习质量的评价，对语文教师课堂教学质量的评价，都常用定量评价的方法。有些定性评价要在定量评价的基础上才能完成。

然而，定量评价将复杂的教育现象加以简单化或只评简单的教育现象，很难从本质上保证对事物客观性的承诺，有时还会丢失教育中最有意义、最根本的内容。语文课程是一种非常复杂的教育现象，纯粹的、过分的量化描述，容易把教师和学生丰富的个性表现泯灭在一组组抽象的数字中，把问题简单化、表面化，甚至引导到庸俗的功利追求。语文课程丰富的人文内涵，语文学习注重情感体验和语言感悟的特点，也很难全部量化。因此仅用定量评价的方式，不能适应语文课程评价的需要。

2. 定性评价

定性评价又称为描述性评价，就是力图通过自然的调查，全面充分地揭示和描述语文课程的各种特质，以彰显其中的意义。它不片面追求数量化的方法，而是在评价过程中，注重对语文评价对象平时的表现、现实的状态或文献资料的观察与分析，力求全面深刻地说明被评价对象的性质。

定性评价方法是 20 世纪六七十年代开始，随着评价领域对传统的以量化为特征的评价方法的反思、批判而发展起来的，是科学研究中的定性研究方法向评价领域渗透的结果。在认识上，定性评价反对科学实证主义的基本观点，反对将复杂的教育现象简化为简单的数字，主张评价应全面反映教育现象和课程现象的真实情况，为改进教育和课程实践提供可靠的证据。定性评价方法具有全面、深刻、形象的特点，能对于不宜、不能量化的对象做出质的分析，在某种程度上，它是评价者对课程现象的某种解读，更适用于对复杂课程现象的评价。它无须制定详细烦琐的评价指标和标准，不会因为量化的不科学性而造成偏差，也会减少唯量化给被评价对象带来的心理负担和精神压力。和定量评价相比，虽然定性评价不如定量评价精确具体，有时也有不可靠性和对所得出的结论表述不确定性的缺点，但定性评价更多的关注内在的、过程性的东西，重视课程的整个运行过程，能全面评价被评价对象的发展，在充分肯定进步的同时又能提出问题，在鼓励和表扬的同时又能看到缺陷，是一种蕴含着未来教育思想的发展性评价。

定性评价以其全面、深入、真实地再现被评价对象的特点和发展趋势的人性化优点，受到越来越多教育界人士的欢迎，个人成长记录、语文学习档案资料、观察描述、作业、课题研究等都用得上定性评价的方式。在美国《国家科学课程标准》中提供的评价方法除了纸笔测试以外,还包括平时的课堂行为记录、项目调查、书面报告、作业等开放性的方法。英国则强调以激励性的评语促进学生的发展,并在教师评价中注意运用面谈、行为观察和行为记录的方法。我国的新课程改革明确提出"既要重视定量评价,更要重视定性评价"。作为一种新的评价方式,定性评价不是对定量评价的简单否定,而是为了更逼真地从本质上反映课程现象。它并不绝对排斥定量评价,而是把定量评价统一于自身,在适当的评价内容或场景中有时仍然会结合量化的方式进行评价。因此,从语文课程的实践出发,应该将定量评价与定性评价有效地结合起来,以获得更全面、更准确的评价信息。语文学习档案资料、语文成长手册就是综合运用质的评价法和量的评价法的方法。

无论采用定量还是定性的方式,都要从促进学生的角度、促进课程发展的角度出发,要让学生最大限度地接受评价结果,让学生切实从语文课程评价中受益。

二、语文课程评价的方法

方式是方法的基础,同一种方式,其具体的评价方法又是多种多样的。定量评价常用测验法、统计分析法,定性评价有观察法、评语法、档案袋法等形式,还有综合运用了质性评价方式和量化评价方式的学生成长手册等。从语文课程的评价对象来看,又可以分为评价学生的方法(如考试法、考查法、评语法等)、评价语文教师的方法(如听课法、调查法等)、评价学校语文教学工作的方法(如访谈法、问卷法等)。下面重点介绍几种常用的语文课程评价方法:

(一)考试法

考试法是对被评价者的语文成效所进行的数量化评价,一般用于评价学生。由教师预先出好试卷,学生用笔答或口答的方式解答试卷上的试题,考试成绩用分数体现。考试按不同的标准、从不同的角度可分为口试和笔试、开卷和闭卷、客观考试和论文(作文)考试、单项考试和综合考试、常规参照考试和标准参照考试等。

从国内外中小学成绩测验中可以看,学业成绩的考核和评定对调动学生学习的积极性有一定作用,正确地运用和对待考试,有利于学生培养自我检查、自我评价的能力。但是,由于片面强化考试的甄别和选拔功能,我国的语文课程长期没有根本性的变革,改革语文考试已成为语文课程评价改革的当务之急。改革语文考试的评价思路如下:

1. 树立正确的考试观

说到考试,曾有不少人误认为评价就是考试。其实评价和考试是两个既有联系又有区别的概念。考试作为一种测量的结果,是评价的一种重要依据和重要组成部分。前者是后者的手段;前者是局部,后者是整体,把考试作为评价学生语文学习成效的唯一手段是片面的。语文课程评价不仅是为了考查学生达到学习目标的程度,更是为了促进学生的发展。因此,必须改变以分数为中心,以考试为目的的现实状况,让考试真正成为推进语文课程发展的有效手段。在语文考试结果处理上,不得公布学生考试成绩并按考试成绩排名,而是要求做出具体的分析指导,为学生提供建设性的改进意见。

2. 明确语文考试命题的原则

语文考试命题要符合语文学科特点,遵循语文学习的规律,突出语文考试的事件。其基本原则有:依"标"据"本"的原则,即以语文课程目标和语文教材为依据。以能力为中心的原则,知识与能力相结合,而又以能力为主,语法、修辞知识不作为考试内容。难易适度的原则,针对不同目的的考试应确定不同的难易比例和难易程度。

3. 改革语文考试的内容

语文考试的内容逐渐注意到了加强社会实际和学生生活经验的联系,重视考查分析问题和解决问题的能力。在阅读和写作方面,更是加大了改革的力度,努力拓展试题的维度,摒弃强调答案唯一性的要求,给学生较大的自由作答和个性思维的空间。例如,让学生自读一篇短文后,说说自己最喜欢或最不喜欢的地方(或词或句或段或人物或事件),并说出一定的理由;或者就短文的事件或人物发表自己的意见。在作文方面,注意设计一些贴近学生的生活,便于发挥他们想象力的题目。

4. 考试的形式多样化

笔试和口试相结合,闭卷、开卷、半开卷形式相结合逐渐成为考试评价的趋势,甚至还可以让学生自主命题、自选考试的方式、允许多次考试等。如广州市越秀区小学语文考试试行了开卷和闭卷的形式,开卷部分注意给学生多次机会,允许学生重做自认为完成得不理想的题目,特别是朗读、说话的题目,可以做到满意为止才给予评价。

(二)考查法

考查法是通过口试、笔试、调查和日常观察等方式,对被评价者参与语文课程实施的情况进行评价的方法。考查通常也含有考试的性质,但在成绩的评定上以轻度定量的等级制为主,多用于难以定量评分的检测内容,如观察能力、思维能力和IE智力因素之类。考查既可以用于对学校语文教学工作的考查,也可以用于对语文教师的考查,更多地用于对学生的考查。以对学生的考查为例,考查通常分为两种:

1. 日常考查

日常考查主要是对学生平时语文学习情况进行的考查。课堂提问与课堂观察是常用的日常考查方式。它便于语文教师直接了解学生的语文学习情况,也便于教师根据需要,有针对性地进行启发或提问,督促学生巩固所学知识,树立正确的语文学习态度和方法。

检查作业也是日常考查常用的方式，它可以使教师确切了解学生掌握语文知识、技能的情况，并能就较广泛的问题对全班每个学生进行考查。

2. 总结性考查

总结性考查通常在单元、学年、学期终结时进行，主要考查学生实现课程目标的程度。总结性考查有口试和笔试两种。口试就是要求学生口头回答问题，如考查学生的朗读能力、背诵能力、口语交际能力等。笔试就是要求学生按试题的要求书面回答问题，通常采用开卷的形式，考查学生运用语文的能力。

考查要及时评价，并进行分析，注意将日常考查和总结性考查结合起来，以全面、及时地反映学生的语文学习情况。

（三）评语法

评语法指运用口头语言或书面文字，对被评价者参与语文课程实施的表现做出价值判断，并得出相应的评价结论的方法。评语法是我国传统的评价方法，多用于评价学生。评价学生常用的评语有两种：

1. 语文课堂教学中的即时口头评语

语文课堂教学中的即时口头评语是语文课程评价中最直接、最快捷、对学生影响最大的一种过程性评价方法。它具有即时性、针对性的特点，重视不同学生的差异性，能培养学生良好的语文学习习惯，形成正确的情感、态度与价值观，也有利于从单一化的评价主体向多元化的评价主体转化，将自评、互评、师评有效结合起来。如在学生朗读之后，教师可以让学生谈谈"他读得怎么样""如果你来读，你会怎样读？"，教师还可以在多元评价的基础上进行再评价，注意使用一些激励性的评语。如"你读得这么动情，老师都听得入迷了""这次读得好多了"。

2. 作业、作文中的书面评语

书面评语过去多用于作文评语中，其实在平时的作业中也可以适当运用。还可以使用一些师生合作的有效评语，如作业中有两个错别字，请找出来并改正，相信你一定行；这次作业有进步，谈谈你的想法等。书面评语的要求：一是准确性。准确、恰当，符合学生的实际，有较强的针对性，通过评语能给学生以具体的方向性指导。二是规范化。行文规范，用词恰当，字体工整，无错别字，无病句，给学生以行文的榜样。最好能用儿童化、散文般的语言，使学生感到亲切而温暖。三是期望《语文课程标准》指出"应以鼓励、表扬等积极的评价为主，采用激励性的评语，尽量从正面加以引导"。教师的评语应充满期待与关心，让学生能通过教师的鼓励性话语找到自信，获得前进的动力和勇气。只有这样，评语才具有可接受性，才能引起学生的积极反应。

参考文献

[1] 王树妹. 语文教学幼小衔接存在的问题及体验式学习路径探寻：评《新课程小学语文幼小衔接教学游戏指导与设计》[J]. 语文建设,2022（22）：85.

[2] 王海霞. 利用数字化课程资源优化乡村小学语文课堂教学设计的行动研究[D]. 西北师范大学,2022.

[3] 何小钧. 高职师范课程任务型翻转课堂应用探索：以小学语文教学设计课程为例[J]. 福建轻纺,2022（4）：40-43+64.

[4] 阚有库. 小学语文课程单元设计与教学实施[J]. 黑河教育,2021（12）：28-29.

[5] 杨红梅.《小学语文教学设计》翻转课堂模式下运用微课程提升教学能力的实践研究[J]. 中华活页文选(教师版),2021（10）：34-35.

[6] 瞿红. 小学语文教学中的文学课程设计目标模式和价值取向：评《儿童文学与中小学语文教学》[J]. 热带作物学报,2021,42（9）：2779.

[7] 裴晓玉. 新课程理念下小学语文教学设计理念分析[J]. 天津教育,2021（18）：101-102.

[8] 向丽萍.《小学语文教学设计与实施》课程诊改的探索与实践[J]. 读写算,2020(25)：122-123.

[9] 水俊平. 小学语文课程教学设计的规范性探究[J]. 新课程,2020（21）：119.

[10] 曹艳珍. 课程观下小学语文教学情境设计的研究[D]. 陕西师范大学,2020.

[11] 李林原. 新课程改革下的小学语文课堂教学设计探究[J]. 读写算,2020（2）：4.

[12] 徐诗扬,黄金明. 小学语文课程教学设计的规范性研究[J]. 语文建设,2019(18)：63-68.

[13] 王彦辉. 新课程理念下小学语文教学设计策略[J]. 科普童话,2019（34）：31.

[14]. 新课程理念下农村小学语文教学过程设计策略研究[C]//. 教师教育论坛(第三辑),2019：142-143.

[15] 何月佩. 新课程理念下小学语文教学设计的理念策略[J]. 科普童话,2019(14):5.

[16] 闫绪强. 新课程背景下小学语文教学设计需注意的问题研究[J]. 新课程（小学）,2018（2）：4.

[17] 常永斌.小学语文教学"情景模式微课程设计"教学新模式研究[J].作文成功之路(中),2017(8):79.

[18] 胡敏.微课程在小学语文应用文教学中的设计与实践研究[D].四川师范大学,2016.

[19] 张巧文.平台互动方式对提高师范生教学技能的功能分析:以《小学语文教学设计》课程教学为例[J].高教论坛,2016(7):64-68.

[20] 冯铁山.论"探究取向课堂教学"的构架与实践:以小学教育本科专业核心课程《小学语文课程与教学论》为例[J].宁波大学学报(教育科学版),2013,35(1):7-14.

[21] 袁俊,欧黄海.网络课程中的教学系统设计:以《小学语文教学法》为例[J].中国教育信息化,2011(20):78-81.

[22] 刘国辉.高职高专小学语文教学法课程教学设计探析[J].继续教育研究,2011(5):129-130.

[23] 黄小燕.新课程下小学语文教学设计初探[J].科学咨询(教育科研),2010(9):42.

[24] 钟诗莲.师范生走进新课程:小学语文作业设计有效性研究:高师院校改革小学语文教学论课程思考之四[J].才智,2010(12):109-110.